Career

职业生涯——我规划

主　审　严少青

主　编　林家祥　徐珊妮

副主编　成晓丽　易　梅

暨南大学出版社
JINAN UNIVERSITY PRESS

中国·广州

图书在版编目（CIP）数据

职业生涯——我规划/林家祥，徐珊妮主编．—广州：暨南大学出版社，2013.11

ISBN 978 - 7 - 5668 - 0745 - 8

Ⅰ.①职… Ⅱ.①林… ②徐… Ⅲ.①职业选择—中等专业学校—教材 Ⅳ.①G717.38

中国版本图书馆 CIP 数据核字（2013）第 211603 号

出版发行：暨南大学出版社

地　　址：中国广州暨南大学
电　　话：总编室（8620）85221601
　　　　　营销部（8620）85225284　85228291　85228292（邮购）
传　　真：（8620）85221583（办公室）　85223774（营销部）
邮　　编：510630
网　　址：http：//www.jnupress.com　http：//press.jnu.edu.cn

排　　版：广州市天河星辰文化发展部照排中心
印　　刷：佛山市浩文彩色印刷有限公司

开　　本：787mm×960mm　1/16
印　　张：12.75
字　　数：240 千
版　　次：2013 年 11 月第 1 版
印　　次：2013 年 11 月第 1 次
印　　数：1—3000 册

定　　价：29.80 元

（暨大版图书如有印装质量问题，请与出版社总编室联系调换）

职业生涯——我规划编委会

前　言

　　"职业生涯规划"是国家教育部根据中职德育新一轮课程改革而推出的中职学生德育必修课之一，是激励中职学生成长成才的德育创新课程。其目的在于帮助中职学生认识自我，明确自己的发展方向和奋斗目标，并通过思考、分析和论证，最后设计出适合自己的发展规划书。

　　然而，在教学实践中，我们发现中职学生对自己的发展规划认识不足，对自己未来的发展不愿意花时间深入思考，有不负责任或逃避现实的现象。有的是由于受到家庭生活背景的限制和社会阅历少等原因，打不开思路，对自己未来的定位表现得较随意；还有的是因为学生自身文字表达能力不强而导致规划书过于简单等等。

　　自从 2009 年中职德育新一轮课程改革以来，我们就开始注重收集"职业生涯规划"新课程实践教学过程中出现的问题，并对学生普遍存在的问题不断加以总结和研究，探索出一套提高中职学生规划能力的有效做法，汇编成《职业生涯——我规划》一书。本书可作为中职生在开展职业生涯设计过程中的辅助教材或设计指导书。职业生涯规划就是对未来美好职业人生的规划，激发学生产生梦想，然后追逐梦想，最终实现梦想。本书上编为实用指导，我们把它转变为进行"四个我"的训练，即"我是谁"、"我在哪里"、"我往何处去"、"我如何到达"；下编为获奖设计。本书编写过程突出"以学生为主体，突出学生本我和自我"的指导思想。获奖设计所收集的案例均获得由教育部主办的全国中职学校"文明风采"竞赛二等奖以上，这些案例具有覆盖面广、设计新颖、借鉴性强等特点。

　　本书由林家祥负责策划，徐珊妮负责统稿和整理，易梅、成晓丽等对书稿进行了修改和完善，严少青负责审稿。在编写过程中得到了广东省佛山市顺德区陈村职业技术学校、广东省佛山市南海区信息技术学校、广东省轻工职业技术学校、广东省食品药品职业技术学校、广东黄埔卫生职业技术学校、广州市交通运输职业学校、惠州商贸旅游高级职业技术学校、珠海市第一中等职业学校、浙江省信息工程学校、浙江省宁波市镇海区职业教育中心学校等同行的大力支持，他们为本书提供了丰富的优秀设计案例。在此，表示衷心感谢！因水平有限，敬请广大读者在使用过程中进行批评和指正。

编　者

2013 年 9 月 6 日

目　录

上编　实用指导

下编　获奖设计

上编　实用指导

　　职业生涯规划是对自己未来职业人生的规划，它离不开"我"。我们通过多年的教学实践总结，把同学们在设计自己职业生涯规划过程中遇到的核心问题归纳为探讨"四个我"，即"我是谁"、"我在哪里"、"我往何处去"、"我如何到达"。我们在指导同学们进行多年职业规划的过程中，也总结出了一个较为实用的模板。同学们只要认真地按照模板的内容完成，即可轻松地设计出一份初步的职业生涯规划，再经过不断地修改和完善，相信同学们设计的杰作一定能为自己未来的职业发展点上一盏明灯，照亮自己的人生。

项目训练一　我是谁——分析个人条件

每个人都是独一无二的，每个人在职场中的发展必须先充分地了解"我是谁"，才能为自己绘制独特的职场路径。这是职业生涯规划最终能否实现成功的前提。

你知道自己的职业兴趣、职业性格、职业能力吗？你知道自己适合什么职业吗？你的个性与将来从事的职业是否吻合？不知道或不清楚，没关系，下面我们来做个调查了解一下自己吧。

1. 你了解自己的兴趣吗？（　　　）
   A. 了解，我的兴趣是＿＿＿＿　　　　　B. 不了解
2. 你喜欢从事什么工作？（　　　）
   A. 业务类（如销售、市场）　　　　　B. 管理类（如行政、人事）
   C. 技术类（如工程师、物流师）　　　D. 操作类（如钳工、电工）
   E. 创业类　　　　　　　　　　　　　F. 体力类
3. 你了解自己的性格吗？（　　　）
   A. 了解，我的性格是＿＿＿＿　　　　　B. 不了解
4. 你的性格适合从事什么职业？（　　　）
   A. 业务类（如销售、市场）　　　　　B. 管理类（如行政、人事）
   C. 技术类（如工程师、物流师）　　　D. 操作类（如钳工、电工）
   E. 创业类　　　　　　　　　　　　　F. 体力类
5. 你哪种能力最强？（　　　）
   A. 人际沟通能力　　　B. 空间几何能力　　　C. 事务处理能力
   D. 动手操作能力　　　E. 学习能力
6. 这种能力适合从事什么工作？（　　　）
   A. 业务类（如销售、市场）　　　　　B. 管理类（如行政、人事）
   C. 技术类（如工程师、物流师）　　　D. 操作类（如钳工、电工）
   E. 创业类　　　　　　　　　　　　　F. 体力类
7. 你求职择业的时候看重什么？（　　　）
   A. 薪酬待遇　　　　　B. 工作发展前景　　　C. 舒适稳定
   D. 人际关系和谐　　　E. 智力刺激

专题1　职业个性

职业个性是一种态度和行为方式，是一种智慧和能力。人才职业个性的状况决定职业生涯的进退与荣辱。打造属于自己的"职业个性"，用独特并适合自己的职业兴趣、职业性格、职业能力去赢得成功。

【规划达人】

李纳斯昔日是个"长相丑陋"的校园小子，地地道道的无名之辈，但他突然向比尔·盖茨统辖的微软帝国发起了挑战。由其发明的自由软件 Linux 操作系统一夜之间吸引了全世界的目光，成为能与微软 Windows NT 抗衡的第二大操作系统。李纳斯的软件系统使得比尔·盖茨如坐针毡，寝食难安。

李纳斯曾经是"丑小鸭"，他自称"我是个长相丑陋的孩子"。上学时，李纳斯是个社交能力差得一塌糊涂的书呆子，是被人取笑的对象。1981 年，李纳斯 11 岁，他外公抱回了一台 VIC - 20 计算机，从此他被这台计算机迷住了。10 年后，李纳斯做出了一个重大财政决定，由于囊中羞涩，他以部分付账、分期交付余款的方式，搬回了一台只有 DOS 操作系统的电脑。在这台电脑上，他开始自己制作终端仿真系统程序的研制。他工作很投入，他的日常作息程序是：编程—睡觉—编程—吃饭（饼干）—编程—睡觉—编程—洗澡（匆匆了事）—编程。这样的生活对平常人来说是最枯燥乏味的了，但李纳斯认为编程是世上最有趣的事情。人最大的弱点就是寻求安逸和为世俗的欲望所左右。能不为这些所动并在枯燥的工作中自得其乐，这大概就是天才与平常人的差别。李纳斯在电脑操作领域苦中作乐，畅快地遨游，与其说是为了事业，毋宁说是一种求索的乐趣。天才就这样产生了。

权威机构推测，Linux 将以每年 23% 的速度快速增长，前途远大，不可限量。让人意料不到的是，李纳斯表示他不会去搞实业赚大钱，他觉得自己需要一种新的挑战。挑战比金钱更重要。只有进行开拓、创新，探索出超一流的程序设计，才是他的兴趣所在，才是他终身追求的目标。

资料来源：张小明. 从李纳斯的成才看职业兴趣规划.
思维与智慧，2003（6）.

◆ 李纳斯的成功说明了什么？

◆ 职业兴趣在职业发展中起什么作用？

李纳斯的成功说明了兴趣是人们活动的巨大动力；兴趣可以提高工作效率，充分发挥个人才能；兴趣是保证职业稳定、职场成功的重要因素。因此，兴趣是职业生涯选择的重要依据。

职业兴趣是一个人积极探究某种职业或从事某种职业活动所表现出来的特殊个性倾向，它使人对某种职业给予优先的注意，并对其产生向往的情感。一个人在做职业生涯规划时要考虑到自己的职业兴趣。凡是从事有兴趣的职业，都可以提高其积极性，促使其愉快地从事该职业，并有助于其在该职业上取得成功。

【中职风采】

在很多同龄人仍在校园中对前途感到迷茫的时候，一个20岁的上海小丫头已经背起行囊远赴北京，走进中央电视台的后期制作机房，开始了追逐自己梦想的征程。

她就是上海商贸旅游学校2011届美术专业学生王莹。虽然只有中职学历，但凭借着全国职业技能大赛第一名的优异成绩，她被中央电视台后期制作部门破格录用，参与了《夕阳红》等央视名牌节目的制作。

选择中职，并非因为成绩不好。事实上，王莹中考成绩超过了500分，进一所好高中完全没有问题。但是，从小喜欢画画的她，偶然在报纸上看到商贸旅游学校的招生简章后，对该校美术专业产生了兴趣，便一个人跑到学校了解该专业的情况。

进入中职之后，从练习美术基本功到熟悉各种软件，王莹觉得心底那个调皮、活跃、快乐的自己正在苏醒。"老师鼓励我们自己动手，自己找素材，自己想创意，自己发现问题。"王莹觉得，自己的学习热情被激发了出来，她也渐渐找到了自己的职业方向。

三年级时，为了备战"星光计划"职业技能大赛，她需要使用一款名为"Avid Media Composer"的剪辑软件。特技、转场效果等各个环节都和以前使用的软件有很大不同。因此，王莹每天都要在学校机房里"泡"到晚上10点以后才回家。学校和一些影视制作公司开展校企合作，专业技术人员不仅会不定时踏上讲台，还会带着一整套电视台后期制作设备走进校园，这让王莹觉得学习成了很"过瘾"的事。

扎实的专业技能功底，不仅为王莹带来一块金牌，而且在踏上工作岗位后，她也因此经常被师傅表扬"上手快"。她觉得，这其中的奥秘就在于"学校学的专业技能和实际岗位需求真的是'零时差'"。

能被央视录用，王莹已经得到不少羡慕目光。不过她仍不满足，去年，她通过了成人高考，进入中国传媒大学攻读电视编导专业。用更丰厚的文化底蕴支持创意生涯，是她对自己新的要求。

资料来源：陆梓华. 新民晚报，2012 - 05 - 26.

◆王莹的成功说明了什么？

◆职业能力在职业发展中起什么作用？

王莹的成功说明了职业兴趣和职业能力在职业发展中起着重要作用。职业兴趣引领着王莹以极大的热情投入专业学习。职业能力是直接影响人们活动效率、保证人们顺利完成某种职业活动所必需的个性心理特征。王莹在专业学习和校企合作中培养了扎实的影视制作方面的职业能力，为她获得全国职业技能大赛第一名打下了坚实的基础。

所以，一个人在做职业生涯规划时要考虑到自己的能力倾向。一般来说，越是与自己的能力倾向相配的工作，越容易学得好，越容易保持兴趣，也越容易有成就感。如当一名营业员要具有较强的职业观察和职业表达能力；当一名研究人员，需要较强的观察、逻辑、语言能力；当一名机械操作人员，需要较强的视力和动作能力；当一名社会工作者要有较强的人际交流和语言表达能力，等等。

【规划诊断】

开朗外向的小严的第一个实习单位就是中国银行。这是一个人人羡慕的工作单位。小严进银行后的第一个任务就是参加各种专业培训，准备一个月后上柜当"出纳"。这下可难倒了专业基础薄弱的小严，更要命的是他忍受不了成天面对那些枯燥的统计数据。勉强上柜后，还不到一个星期，小严就出了许多问题，不是忘填了这个单子就是忘盖了那个印章，三个月实习期未满，小严就被"炒了鱿鱼"。小严无颜面对学校老师，更不敢面对曾因他进了中国银行而自豪的父母。

小严强忍着痛苦四处找工作，后经朋友介绍到了某成衣店当营销员。能言善辩、开朗外向的他很快就在营销工作中崭露头角，使这家生意平平的成衣店营业额明显上升。小严受到了老板的青睐，并很快被提升为营销部负责人。

◆你认为小严为什么会被中国银行"炒鱿鱼"，后来又在销售行业取得成功？

◆职业性格在职业发展中起什么作用？

性格是一个人对事物的稳定态度和与其相适应的习惯化了的行为方式。比如有的人热情好客，有的人冷漠粗暴，有的人喜欢对周围的人和事评头品足，有的人却沉默寡言，不愿发表意见。这些就是不同的人对现实事物的稳定态度和行为方式的区别，这些对事物稳定态度的差异和行为方式的区别就造成了性格的不同。

职业性格是指人们在长期特定的职业生活中所形成的与职业相联系的比较稳定的心理特征。比如有的人工作严谨，有的人办事粗心。不同性格类型的人适合的职业各不相同，而不同类型的职业对从业者的性格要求也各不相同。我们在做职业生涯规划时，特别是选择职业时，要把自己的性格特征和职业特点结合起来考虑，这样可以更好地发挥性格优势和潜能，提高主观能动性，从而获得较高的业绩和效率。

【规划宝典】

人们在择业时主要受三个因素的影响：职业兴趣（你想做什么——兴趣倾向）、职业能力（你能做什么——个人经历）和职业性格（你适合做什么——人格倾向）。不同的职业对从业者的个性有不同的要求，那么我的个性与将来从事的职业是否吻合呢？

美国职业指导专家霍兰德在其一系列关于人格与职业关系的假设的基础上，按照不同的职业特点和个性特征，认为一般可以将人分为六类：现实型（R）、研究型（I）、艺术型（A）、社会型（S）、企业型（E）和常规型（C）。这六种类型的人具有不同的典型特征。

1. 现实型（R）

基本的人格倾向是：喜欢有规则的具体劳动和需要基本操作技能的工作，缺乏社交能力，不适应社会性质的职业。具有这种类型人格的人，其典型的职业包括技能性职业（如一般劳动、技工、修理工等）和技术性职业（如摄影师、机械装配工等）。

2. 研究型（I）

基本的人格倾向是：具有聪明、理性、精确、批判等人格特征，喜欢抽象的、分析的、独立的定向任务以及这类研究性质的职业，愿意选择那些需要利用智慧、词、符号和观念进行工作的职业环境，但缺乏领导才能。其典型的职业包括科学研究人员、工程师等。

3. 艺术型 (A)

基本的人格倾向是：具有想象、冲动、直觉、理想化、有创意、不重实际等人格特征，适合于在需要运用感情、想象来观赏、理解和创造艺术形式的环境中工作，但不善于事务工作。其典型的职业方向包括艺术方面（如演员、导演、摄影师、作曲家等）和文学方面（如诗人、剧作家等）。

4. 社会型 (S)

基本的人格倾向是：具有合作、友善、善社交、善言谈、洞察力强等人格特征，有较强的社会交往能力以及教导别人的能力，善于从事那些要利用人际沟通能力技能的工作，能够在要求理解他人矛盾的环境中如鱼得水。其典型的职业包括教育工作者和社会工作者。

5. 企业型 (E)

基本的人格倾向是：有野心，具有冒险、独断、乐观、自信、精力充沛等人格特征，喜欢从事领导及企业性质的职业，愿意选择那些有高度能量、高度热情和开拓精神的工作，以及具有关键作用和推动作用的任务。其典型的职业包括政府官员、企业领导、律师、广告宣传员、公关人员等。

6. 常规型 (C)

基本的人格倾向是：具有顺从、谨慎、保守、实际、稳重等人格特征，喜欢有系统、有条理的工作任务，适合于需要对众多信息进行系统处理的工作环境。其典型的职业包括办公室职员、会计、成本估算员、税务员、打字员等。

人们通常倾向于选择与自我兴趣类型匹配的职业环境，如具有现实型兴趣的人希望在现实型的职业环境中工作，这样可以最好地发挥个人的潜能。但在具体职业选择中，个体并非一定要选择与自己兴趣完全对应的职业环境，这主要是因为个体本身通常是多种兴趣类型的综合体，出现单一类型显著的情况不多，因此评价个体的兴趣类型时也时常以其在六大类型中得分居前三位的类型组合而成，组合时根据每个类型得分高低依次排列字母，构成其兴趣组型，如 EIS、AIS 等。

【规划体验】

1. 测一测：霍兰德职业倾向测试量表

霍兰德职业倾向测试量表由三部分组成：兴趣倾向问卷、个人经历问卷和人格倾向问卷，分别对测评者的兴趣、能力和人格特点进行测评。通过对测评结果的综合分析，可以帮助测评者发现和确定自己的职业兴趣及能力特长，使我们对与自身性格匹配的职业类别、岗位特质有更为明晰的认识，从而在我们就业、升学、进修或职业转向时，做出最佳的选择。

在这六种类型所列举的活动中，你选择"喜欢"次数多的就是你的职业倾向类型所在。下面是六个兴趣与择业自测量表，它们分别就这六种职业类型列举了10项活动，选择汇总之后，找出你的兴趣所在，希望这能帮你选择到你喜欢的职业。

兴趣与择业自测量表一

现实型	喜欢	不喜欢
A. 参加制图绘图学习班		
B. 参加机械和电力学习班		
C. 参加木工技术学习班		
D. 用木头加工东西		
E. 开某一种车辆		
F. 使用机器加工东西		
G. 装配、修理电器或玩具		
H. 修理自行车		
I. 驾驶卡车或拖拉机		
J. 装配、修理机器		
总计次数		

兴趣与择业自测量表二

研 究 型	喜欢	不喜欢
A. 化学课		
B. 调查了解金属等物质的成分		
C. 在实验室工作		
D. 生物课		
E. 读科技图书和杂志		
F. 物理课		
G. 几何课		
H. 改良水果品种，培育新的水果品种		
I. 做数学游戏		
J. 研究自己选择的特殊问题		
总计次数		

兴趣与择业自测量表三

艺 术 型	喜欢	不喜欢
A. 创作诗歌或吟诵诗歌		
B. 参加美术或音乐培训班		
C. 阅读剧本、小说		
D. 欣赏戏剧或音乐		
E. 从事摄影创作		
F. 参加乐队或练习乐器		
G. 参加制图或素描培训		
H. 参加话剧或戏剧表演		
I. 练习书法		
J. 设计家具，布置室内环境		
总计次数		

兴趣与择业自测量表四

社 会 型	喜欢	不喜欢
A. 结识新朋友		
B. 出席茶话会、晚会、联欢会		
C. 照顾儿童		
D. 帮助别人解决困难		
E. 参加学校或单位组织的各类活动		
F. 参加某个社会团体的活动		
G. 参加辩论会，听各种讲座		
H. 想获得关于心理方面的知识		
I. 观看或参加体育比赛和运动会		
J. 和大家一起出外郊游		
总计次数		

兴趣与择业自测量表五

企 业 型	喜欢	不喜欢
A. 检查与评价别人的工作		
B. 在社会团体中担任某种职务		
C. 结识名人		
D. 谈论政治		
E. 制订计划，参加会议		
F. 从事商业活动		
G. 经常说服鼓励他人		
H. 以自己的意志影响别人的行动		
I. 指导各种具有某种目标的社会团体		
J. 参与政治活动		
总计次数		

兴趣与择业自测量表六

传 统 型	喜欢	不喜欢
A. 抄写文件或信件		
B. 参加情报处理工作		
C. 整理报告记录		
D. 检查个人收支情况		
E. 参加打字培训		
F. 整理好桌面和房间		
G. 参加商业会计培训班		
H. 起草商业贸易信函		
I. 替人写报告或公务信函		
J. 参加算盘、文秘等实务培训		
总计次数		

资料来源：孟宪青. 大学生职业生涯规划.

长沙：国防科技大学出版社，2011.

2. 找一找：我的职业个性

计划任务		分析		
任务一 个性认知		兴趣	性格	能力
	类型			
	优势			
	不足			
任务二 把握职业个性		职业兴趣	职业性格	职业能力
	主导职业个性类型 （自测）			
	结合专业选择职业	职业1		职业2
	专业对应职业要求 的主导职业兴趣			
	专业对应职业要求 的主导职业性格			
	专业对应职业要求 的主导职业能力			
	自己与职业要求的 差距			
任务三 个性调适方法	职业兴趣培养方法			
	职业性格调适方法			
	职业能力提高方法			

【职业动态】

数控铣工：指从事编制数控加工程序并操作数控铣床进行零件铣削加工的人员。本职业共分四个等级：中级（国家职业资格四级）、高级（国家职业资格三级）、技师（国家职业资格二级）、高级技师（国家职业资格一级）。

（百度百科）

丘柳滨，1996年8月从柳州市机械工业技工学校铣工专业毕业，跨入柳州机械厂的厂门，做了一名铣床操作工。第二年，厂里举办一次职工技能比赛，小丘参加了这次比赛，荣获中级铣工比赛第一名，成为铣工状元。获奖后的他信心百倍，更加痴迷于铣床技术。除了巩固在学校获得的专业知识外，他自费购买了许多专业技术书籍，还上图书馆借技术书，刻苦钻研。

工作中，他并不满足于一些现成的工作操作模式，他总是用心发现问题，总结经验，并设想出更多更好的工作操作模式。譬如打磨刀具，他独具匠心，创造出一种特别的方法打磨铣刀，打磨后的铣刀锋利无比，效果明显，从而提高了加工效率。在加工276Q发动机的齿轮时，他大胆改革加工方法，把原来常用的差动分度法加工改为无差动法加工，由原来每天只加工100件，提高到每天加工150件，既保证了加工件质量，又降低了劳动强度。

通过不断的生产实践，丘柳滨铣工技术理论水平和操作技能得到较大提升，迅速成长为一名铣工高级技师，被企业授予"五菱柳机金牌工人"的称号，还特聘为技能专家，并两次参加全国职工职业技能大赛决赛，分别取得了铣工第六名、第二名的优异成绩。在2011年他还荣获了全国五一劳动奖章。

资料来源：曹睿．电商情网，2006-03-22.

专题2 职业价值观

职业价值观是人们衡量各种职业优势、意义、重要性的内心尺度，是人们对待职业的一种信念和态度。它决定了人们的职业期望和职业发展情况，影响着人们对职业方向和职业目标的选择。

【规划达人】

台塑董事长王永庆在台湾是一个家喻户晓的传奇式人物。他被誉为"台湾的经营之神"。

王永庆15岁小学毕业后，他先到茶园当杂工，后来又到一间米店当学徒。16岁时他用父亲所借的200元钱自己开办了一家米店，之后又经营过碾米厂、砖瓦厂、木材行并生产PVC塑料粉等等。1954年他筹资创办了台塑公司，1957年建成投产。靠"坚持两权彻底分离"的管理制度，他的"台塑集团"发展成为台湾企业的王中之王，也是台湾唯一一家进入"世界企业50强"的企业。

王永庆经营成功的八个秘诀就是：

1. 追根究底：对问题不追究到水落石出，绝不罢休。
2. 务本精神：凡事只求根本，只求合理，不问结果。
3. 瘦鹅理论：忍饥耐饿，坚韧不屈，等待机会的到来。
4. 基层做起：脚踏实地，按部就班，从基层做起，成功的机会就愈大。
5. 实力主义：学历不等于实力，实务经验愈丰富，成功的机会就愈大。
6. 切身感：制定让员工有切身感的管理制度，发挥员工最大潜能。
7. 价廉物美：坚持供应价廉物美的原料给下游客户，企业得以蓬勃发展。
8. 客户至上：买卖双方唇齿相依，给客户利益自己才能有最大利益。

　　资料来源：丁志可. 王永庆全传. 北京：中国广播电视出版社，2006.

◆从王永庆成功的经营秘诀来看，你认为王永庆最看重的是什么？

王永庆作为台湾企业界的王中之王，最看重的是企业员工的务实、肯坚持、有毅力、脚踏实地的品质。中职生在求职择业的时候要清楚了解企业的职业价值观，选择适合自己的企业文化，才能将自己的优势与企业结合，更有助于自己的职业生涯发展。

【中职风采】

从中职生成长为百万富翁需要多少年时间呢？有人说几十年，有人说一辈子，更多的人是摇摇头不相信。而毕业于省农业学校的王小明，却只用7年时间完成了这段路程，成就了一个"神话"。

王小明是屯昌人。1997年，在亲友们怀疑反对的声音中，初中毕业的他选择了去中专学校学水产养殖。"亲友们都说读中专找工作一定很难，何况还是学农业的中专，一辈子跳不出农门，没什么出息。"王小明回忆说。

不过，王小明仍一直刻苦学习，暗暗积累知识，等待时机证明自己。

三年级时，王小明在桂林洋一养殖公司顶岗实习。虽然每天要冒着烈日蹲在虾塘边看水质、观察虾苗活动、洒药，非常辛苦，可他把这看作难得的机会并坚持下来，虚心学习，掌握了养虾的整个技术流程。毕业后，他被聘请为该厂的养虾技术员。

虽然工作比较稳定，但他没忘记自己的梦想。看到海南水产养殖场越来越多，脑子灵活的他筹集资金开了水产药品代销店，并开展技术咨询服务。为了进一步提高养殖技术，他不时向母校老师和养殖专家请教，还获得了农业部核发的水产养殖技术资格证。

毕业后第三个年头，随着技术越来越纯熟，王小明逐渐走出了创业的低谷，生意慢慢有了起色，水产药品代销店由一家发展为三家，同时他还身兼多家养殖户顾问，每月收入不菲。

尽管如此，王小明仍不满足。

2003年，他又以自己的技术入股，与别人合作养虾。由于他技术好，养虾效益高，有很多人慕名而来。最多时有十几户与他合作，养殖面积300多亩，一造虾他可以获得十几万元分成。后来，王小明又自己租塘养虾，年收入也一下子提高到几十万元。

如今，王小明有1个水产养殖服务中心、5个水产药品代销店，并经营着100亩虾塘，已有300多万元的身家。在他的公司里，有不少是大学水产专业的专科或本科毕业生。此外，他还帮助海口东营镇渔民和桂林洋农场职工养虾，给他们提供技术指导和药品。现在，东营镇100多户渔民成功转型，养了1 000多亩虾，收入成倍增加。

"想改变命运不一定要读高中，关键是自己要努力学到真技术，踏实肯干，敢于拼搏。读职业学校不仅能成才，而且前途无限美好。"王小明这样勉励学弟学妹们。

资料来源：周元，殷芸．海南日报，2007 – 09 – 20.

◆王小明用7年的时间成就了一个"神话"，从中你得到什么启示？

王小明的成功源自他踏实肯干、不怕辛苦、敢于拼搏的精神，他选择职业时最看重的不是薪酬待遇，不是工作的舒适，而是看重自己的技术发展前景；不是看重工作的稳定，而是寻求机会学习，大胆创业，勇于拼搏。因此他能用7年的时间成就一个"神话"。中职生在求职择业的时候要清楚了解自己的职业价值观，选择适合自己的职业，成就自己的一生。

【规划诊断】

案例1：毕业于郑州美院的艾静现在在深圳一家公司做主管，刚到公司时，她每月只有1 000多元的薪水。和她一起来的同学都嫌薪水低而离开公司，只有她看到了该企业的发展前景，没有动摇并坚持了下来。经过一年多的历练，她脚踏实地工作，虚心向领导请教，现在已经成长为部门主管，并且薪水也涨到4 000多元。

案例2：中职生小张毕业后出国留学了两年，回国后，至今还没有找到合适的单位。因为他求职时坚持"五个不考虑"：私营企业不考虑；收入低于2 000元不考虑；营销工作不考虑；"三班倒"的单位不考虑；上班路程超过2小时的单位不考虑。

◆艾静找工作时看重什么，她的同学看重什么？
◆小张找工作"五个不考虑"，从中可以看出他求职看重什么？

艾静看重的是企业的发展前景，她的同学看重的是薪酬待遇；小张看重的是工作的舒适和经济报酬，结果大家在职业上的发展形成了巨大的差异。可见，人们在求职和职业活动中的态度是不同的，存在着形形色色的职业价值取向，有的人注重收入和财富，有的人注重发展前景，有的人注重人际关系，有的人注重安全感，等等。中职生在求职就业的时候一定要结合自己的实际情况，了解自己的职业价值观，从而更好地帮助自己求职就业。

【规划宝典】

价值观是指人们认识和评价客观事物对自身或社会的重要性时所持有的内部标准。价值观在职业选择上的体现，就是"职业价值观"。职业价值观是个人对某项职业的价值判断和希望从事某项职业的态度倾向，即个人对某项职业的希望、愿望和向往。职业价值观表明了一个人通过工作所要追求的理想是什么，是为了财富，还是为了地位或其他因素。

由于个人的身心条件、年龄阅历、教育状况、家庭和环境影响以及兴趣爱好的不同，人们对各种职业的主观评价也不同。不同的人由于价值观不同，因而对具体职业和岗位的选择也不同。

科学家把形形色色的职业价值观归纳为以下 13 种：

项目	价值观	说明
1	利他主义	工作的目的和价值在于直接为大众的幸福和利益尽一份力。
2	美感	工作的目的和价值在于能不断地追求美的东西，得到美感享受。
3	智力刺激	工作的目的和价值在于不断进行智力的操作，动脑思考，学习以及探索新事物，解决新问题。
4	成就感	工作的目的和价值在于不断创新，不断取得成就，不断得到领导与同事的赞扬，或不断做自己想要做的事。
5	独立性	工作的目的和价值在于能充分发挥自己的独立性和主动性，按自己的方式、步调或想法去做，不受他人的干扰。
6	社会地位	工作的目的和价值在于从事的工作在人们的心目中有较高的社会地位，从而使自己得到他人的重视与尊敬。
7	管理	工作的目的和价值在于获得对他人或某事物的管理支配权，能指挥和调遣一定范围内的人或事物。
8	经济报酬	工作的目的和价值在于获得优厚的报酬，使自己有足够的财力去获得自己想要的东西，使生活过得较为富足。
9	社会交际	工作的目的和价值在于能和各种人交往，建立比较广泛的社会联系和关系，甚至能和知名人物结识。
10	安全感	不管自己能力怎样，希望有一个安稳的工作，不会因为奖金、扣工资、调动工作或被领导训斥等经常提心吊胆、心烦意乱。
11	舒适	希望能将工作作为一种消遣、休息或享受的形式，追求比较舒适、轻松、自由、优越的工作条件和环境。
12	人际关系	希望一起工作的大多数同事和领导人品较好，相处在一起感到愉快、自然，认为这就是很有价值的事，是一种极大的满足。
13	变异性	希望工作的内容经常变换，使工作和生活显得丰富多彩，不单调、枯燥。

资料来源：《塞普尔职业价值观量表》（*Work Values Inventory*）

【规划体验】

1. 小游戏：生存选择

假如地球上发生了核战争，人类将要灭亡。此时，一位科学家发明了一个特别的核保护装置，如果谁能进入其中，谁就能生存下去。现在有 15 个人，但是核保护装置、生化水、食品和空间有限，只能容纳 6 个人。也就是说，人类只能有 6 个人生存下去。请你决定谁应该活下去，谁只能面对死亡，为什么？请排出先后次序。

A. 小学教师　　　　　　　　B. 怀孕的妇女

C. 足球运动员　　　　　　　D. 12 岁的小女孩

E. 优秀的警察　　　　　　　F. 国家重要官员

G. 外科医生　　　　　　　　H. 企业家

I. 有名的演员　　　　　　　J. 生病的老人

K. 有钱的富翁　　　　　　　L. 公正的法官

M. 慈善活动家　　　　　　　N. 掌握核技术机密的军事专家

O. 成功的画家

排序：_____　　_____　　_____　　_____　　_____　　_____

请说明你排序的原因：

资料来源：叶斌. 心理（高中教师用书）. 上海：华东师范大学出版社，2004.

2. 小测试：职业价值观测试

下面这 52 道题代表 13 种工作价值观。每题有 5 个可选答案（非常重要、比较重要、一般、不太重要、很不重要），请根据自己的实际情况或想法，选一个答案。非常重要记 5 分，比较重要记 4 分，一般记 3 分，不太重要记 2 分，很不重要记 1 分。

(1) 你的工作必须经常解决新的问题。　　　　　　　　（　　）

(2) 你的工作能为社会福利带来看得见的效果。　　　　（　　）

(3) 你的工作奖金很高。　　　　　　　　　　　　　　（　　）

(4) 你的工作内容经常变换。　　　　　　　　　　　　（　　）

(5) 你能在你的工作范围内自由发挥。　　　　　　　　（　　）

(6) 你的工作能使你的朋友非常羡慕你。　　　　　　　（　　）

(7) 你的工作具有艺术性。　　　　　　　　　　　　　（　　）

(8) 你的工作使你感觉到你是团体中的一分子。　　　　（　　）

(9) 不论你怎么干，你总能和大多数人一样晋级和加工资。（　　）

（10）你的工作使你有可能经常变换工作地点，工作场所或工作方式。

（　　）

（11）在工作中你能接触到各种不同的人。　　　　　　　（　　）

（12）你的工作上下班时间比较随意、自由。　　　　　　（　　）

（13）你的工作使你有不断取得成功的感觉。　　　　　　（　　）

（14）你的工作赋予你高于别人的权利。　　　　　　　　（　　）

（15）在工作中，你能试行一些你的新想法。　　　　　　（　　）

（16）在工作中，你不会因为身体或能力等因素被别人瞧不起。　（　　）

（17）你能从工作的成果中知道自己做得不错。　　　　　（　　）

（18）你的工作经常要外出，参加各种集会或活动。　　　（　　）

（19）只要你干上这份工作，就不会再调到其他意想不到的单位或工种上去。　（　　）

（20）你的工作能使世界更美丽。　　　　　　　　　　　（　　）

（21）在你的工作中，不会有人常来打扰你。　　　　　　（　　）

（22）只要努力，你的工资会高于其他同年龄的人，或升级、加工资的可能性比其他工作大得多。　（　　）

（23）你的工作是一项绝对智力的挑战。　　　　　　　　（　　）

（24）你的工作要求你把一切事情安排得井井有条。　　　（　　）

（25）你的工作单位有舒适的休息室、更衣室、浴室及其他设备。　（　　）

（26）你的工作有可能结识各行各业的知名人物。　　　　（　　）

（27）在你的工作中，能和同事建立良好的关系。　　　　（　　）

（28）在别人的眼中，你的工作是很重要的。　　　　　　（　　）

（29）在工作中，你经常接触到新鲜事物。　　　　　　　（　　）

（30）你的工作使你常常能帮助别人。　　　　　　　　　（　　）

（31）你在工作单位中，有可能经常变换工种。　　　　　（　　）

（32）你的作风使你被别人尊重。　　　　　　　　　　　（　　）

（33）你工作单位的同事和领导人品较好，相处比较和谐。　（　　）

（34）你的工作会使许多人认识你。　　　　　　　　　　（　　）

（35）你的工作场所很好，比如有适度的灯光，舒适的坐椅，安静、清洁的环境，宽敞的工作间，包括恒温、恒湿等优越的条件。　（　　）

（36）在工作中，你为他人服务，使他人感到很满意，你自己也就很高兴。　（　　）

（37）你的工作需要组织和计划别人的工作。　　　　　　（　　）

（38）你的工作需要敏锐的思考。　　　　　　　　　　　　（　　）

（39）你的工作可以使你获得较多的额外收入，比如常发实物、常购买打
折的食品、常发紧俏商品的购货券、有机会购买进口货等。（　　）

（40）在工作中，你是不受别人差遣的。　　　　　　　　　（　　）

（41）你的工作结果应该是一种艺术品而不是一般的产品。　（　　）

（42）在工作中，你不必担心因为所做的事情领导不满意而受到训斥或经
济惩罚。　　　　　　　　　　　　　　　　　　　　　（　　）

（43）在工作中，你能和领导有融洽的关系。　　　　　　　（　　）

（44）你可以看见你努力工作的结果。　　　　　　　　　　（　　）

（45）在工作中你常常要提出许多新的想法。　　　　　　　（　　）

（46）由于你的工作，经常有许多人来感谢你。　　　　　　（　　）

（47）你的工作成果常常能得到上级、同事或社会的肯定。　（　　）

（48）在工作中，你可能做一个负责人，虽然可能只领导几个人，你信奉
"宁做兵头，不做将尾"的俗语。　　　　　　　　　　（　　）

（49）你从事的那一种工作，经常在报刊、电视中被提到，因而在人们心
中很有地位。　　　　　　　　　　　　　　　　　　　（　　）

（50）你的工作有数目可观的夜班费、加班费、保健费或营养费等。
　　　　　　　　　　　　　　　　　　　　　　　　　　（　　）

（51）你的工作体力上比较轻松，精神上也不紧张。　　　　（　　）

（52）你的工作需要和电影、电视、戏剧、音乐、美术、文学等艺术打交道。
　　　　　　　　　　　　　　　　　　　　　　　　　　（　　）

测评结果说明：

从得分最高和最低的三项中，可以大致看出你的价值观倾向。

职业价值观量表

项目	价值观	所属项目	总分	项目	价值观	所属项目	总分
1	利他主义	2、30、36、46		7	管理	14、24、37、48	
2	美感	7、20、41、52		8	经济报酬	3、22、39、50	
3	智力刺激	1、23、38、45		9	社会交际	11、18、26、34	
4	成就感	13、17、44、47		10	安全感	9、16、19、42	
5	独立性	5、15、21、40		11	舒适	12、25、35、51	
6	社会地位	6、28、32、49		12	人际关系	8、27、33、43	
				13	变异性	4、10、29、31	

资料来源：《塞普尔职业价值观量表》（*Work Values Inventory*）

【职业动态】

物流师：指专门从事物流行业的工作，具体从事供应、采购、运输、储存、产成品加工、包装、回收的安排和物流相关信息的处理等工作的人员。该职业共设4个等级，物流员（国家职业资格四级）、助理物流师（国家职业资格三级）、物流师（国家职业资格二级）和高级物流师（国家职业资格一级）。

（百度百科）

1974年，许振超初中毕业后到青岛港当了一名码头工人。1984年，青岛港组建集装箱公司，许振超当上了第一批桥吊司机。1991年，许振超当上了桥吊队队长。2003年12月至今，他担任山东省青岛前湾集装箱码头有限公司工程技术部固机经理。

许振超参加工作三十多年以来，以"干就干一流，争就争第一"的精神，立足本职，务实创新，干一行，爱一行，精一行。他自学成才，苦练技术，练就了"一钩准"、"一钩净"、"无声响操作"等绝活，并带出了"王啸飞燕"、"显新穿针"、"刘洋神绳"等一大批具有社会影响力的工作品牌。他带领团队按照"泊位、船时、单机"三大效率的标准要求，深入开展"比安全质量、比效率、比管理、比作风"的"四比"活动，先后六次打破集装箱装卸世界纪录，令世人赞叹"振超效率"，将"振超精神"扬名四海。"10小时保班"服务品牌为顾客提供了超值服务，吸引了全球各大船运公司纷纷在青岛港上航线、换大船，2006年青岛港集装箱达到770.2万标准箱，位列世界第11强。

许振超虽然是一名普通的码头工人，但他勤奋好学，成了一名"桥吊专家"；许振超只上过一年多的初中，可他凭借苦学苦练，成了码头上人人知晓的"许大拿"。许振超的脱颖而出，没有什么秘诀，用他的话说就是要学习。许振超相信：知识可以改变命运，岗位能够成就事业！他说过一句令工友们感到震撼的话："一个人可以没文凭，但不可以没知识；可以不进大学殿堂，但不可以不学习。"

资料来源：王永生．当代产业工人的杰出代表——

许振超．青岛：青岛出版社，2004.

"时势造英雄"，职业的成功取决于我们能否抓住机遇。职业生涯规划除了受自身内在因素影响之外，还受家庭环境、区域经济、行业状况等外在因素影响。我们要了解并学会分析自身所处的各种外部条件，从而做出一个最适合自己的职业选择。

项目训练二 我在哪里——分析发展的外部条件

我生活在哪里？我的家庭状况如何？我家乡的发展情况如何？我未来从事职业的发展前景如何？我们先做一个小调查来了解下自己所处的外部环境吧。

1. 我家庭的收入状况如何？（　　　）

 A. 富裕 B. 小康 C. 一般 D. 较差

2. 你清楚自己家庭成员的职业及其工作内容吗？（　　　）

 A. 很清楚 B. 比较清楚 C. 比较模糊 D. 完全不清楚

3. 家庭成员对我产生了哪些方面的影响？（　　　）

 A. 思想观念 B. 言行举止 C. 为人处世的态度

 D. 职业选择 E. 没有

4. 顺德面积多大？（　　　）

 A. 1 806 平方公里 B. 806 平方公里

5. 顺德经济的发展是否有利于提高你（或区域）的生活质量？（　　　）

 A. 提高 B. 降低 C. 不影响 D. 不知道

6. 陈村镇的支柱产业是什么？（　　　）

 A. 花卉 B. 商业 C. 机电 D. 家私

7. 据你了解，在本区域找工作情况如何？（　　　）

 A. 很容易 B. 容易 C. 难 D. 很难

8. 据你了解，本区域的工作待遇如何？（　　　）

 A. 很好 B. 好 C. 一般 D. 差 E. 很差

9. 据你所知，在本区域创业情况如何？（　　　）

 A. 很好 B. 好 C. 一般 D. 差 E. 很差

10. 据你所知，近三年已毕业的师兄师姐工作情况如何？（　　　）

 A. 很理想 B. 不错 C. 一般 D. 不好 E. 很差

专题 3　我的生活环境

生活环境对择业和就业都有很大的影响，只有将我们的职业规划和生活环境相结合，找到适合自己的生活方式和职业目标，才能真正适应社会，实现自己的人生规划。

【规划达人】

随着碧桂园的上市，杨国强，这位传奇富豪当年的摭苦经历，也逐渐为人们所熟知。"我 18 岁以前没穿过新衣服没穿过鞋，衣裤都是香港的亲戚穿旧了才寄过来的。我在家煮饭煮了十多年，像种菜、放牛等很多农活也干过。"他说。

"我虽然没机会读大学，但我看很多的书。天文、哲学、历史、地理……什么书都看。小时候我们经历文革不能上学，但我就算身上只有两块钱，也会和同学到废品收购站买旧书看。"

杨国强认为，自己之所以没有一辈子种田，是因为自己追求知识，喜欢思考。"有一次，我跟哥哥谈到将来，忍不住哭了起来。我说，一年 200 元，耕 50 年也就一万元，一辈子怎么过？后来我跟着哥哥做起了建筑。"1978 年，改革开放之初，杨国强进了顺德北滘公社房管所，任施工员。6 年后，他升任区建筑队队长。到 1989 年，他又成为镇政府旗下建筑公司的法定代表人兼经理。"我在建筑公司当了十年经理，画图、预算、买材料，什么活都干，一天假都没放过，最后终于打败了镇上另一家老牌的建筑公司。"1993 年，杨国强和其他拍档收购了北滘建筑工程公司，开始了私营化运作。1995 年，他以 8 000 万元拿下了碧桂园物业发展有限公司，从此事业发展得一帆风顺。

他称自己最大的人生目标是得到家人、朋友以及社会的认同。杨国强不断强调"与人为善"的重要性。"1988 年，我和广东一位政要吃饭，他问我为什么会成功。我说可能是我对人好，对社会好。我小时候，爷爷就教我，就算身上只有两块钱，也要请朋友吃饭，不能让朋友请你吃饭。"他说，他的企业这么多年没有一个高层管理人员离开，就是因为他对他们好，他们也对他好。

　　杨国强说，1996年他坐上奔驰车，想到还有很多人没钱读书，就通过媒体资助贫困学生，到现在已经有几千人受益。2006年他也给了中山大学100万元作为奖学金，但都不允许说是他提供的。据悉，到2011年底为止，碧桂园集团及其创始人共为社会捐赠的善款超过15亿元。

资料来源：刘海健，罗桦林．我18岁以前没穿过鞋．
广州日报，2007-11-12.

　　◆杨国强先生的职业生涯设计是否考虑了家庭的因素？为什么？

　　◆杨国强先生的成功故事给了我们什么样的启示？

　　一方面，正因为受其哥哥的影响，杨国强选择了从事建筑业；正因为受其爷爷的教诲，杨国强学会了与人为善的做人原则和经营理念。"时势造英雄"，正因为当时的家庭环境和社会背景，才成就了现在的杨国强。

　　另一方面，是什么因素使杨国强白手起家？不抱怨、勤奋、用心！外加不断自我要求和超前的思量。在任何领域奋斗，抱负和动力都不可少。不过，科学证明：达到顶峰者并不一定是天资最佳的人，而是肯下苦功夫的、勤奋的少数人，他们工作努力，并且不断对自己提出更高的要求。当然，勤奋不等于苦熬，不动脑子。驱使自己一刻不停地干，只会榨干人的精力才智。时间重要，但不能决定一切，要想使你的努力得到回报，你还需要讲求效益。

【中职风采】

　　马运红来自广东清远阳山，初中毕业后，因家境贫困，她面临辍学的困境，但得益于政府的帮助，2006年9月，她走进了陈村职业技术学校，这重新点燃了她追求知识的梦想。三年中，她带着对国家政策和学校的感激之情努力学习、奋发向上，在专业知识技能和素质修养上均有了很大的提高。在校期间获得佛山市"优秀学生"、"优秀学生干部"等许多的嘉奖和荣誉。

　　毕业后马运红同学被广州五羊技能鉴定所聘用。技能鉴定所的工作主要是给全省的各项技能考核发放技能鉴定书。工作的难度系数不大，但要有严谨的工作态度和强烈的责任心。马运红凭着虚心好学、兢兢业业的工作态度，很快就胜任了本职工作，在两个月的工作中从未有过任何差错，受到领导和同事的一致好评。

　　在人们的赞扬声中，马运红重新审视了自己的现状，她认为作为物流专业的学生从事现有的工作，是浪费了自己的专业，对不起社会和学校的培养。因此她做出了一个重要的决定，离开人们认为环境好、舒适度高的技能鉴定所，去寻找自己所钟情的物流事业。

2009年8月，马运红走进了"山姆莱克外贸有限公司"做物流跟单工作，这项工作要细心，工作量大，工作环境比较艰苦。刚进公司时，她因业务不熟练，也曾出过细小的差错，追求完美的她，看见因自己的不慎给公司其他同事带来了不必要的麻烦，非常自责。于是，她更加勤奋地熟悉工作，钻研业务，用自己的努力回报同事和公司对自己的培养。经过努力，马运红很快胜任了本职工作，得到了公司同事的认可。

2010年3月，富有挑战精神、在同事们眼里即将升职的马运红，依依不舍地离开了"山姆莱克外贸有限公司"。她想要到更广阔的领域去锻炼自己。她毅然辞职来到"大基泽丰布行"，担任统计工作，同时还要管理监管仓库和跟单工作。

在"大基泽丰布行"的工作量较之以前的工作量更大，更加繁忙，也更累。但马运红说，她不觉得累，更不觉得苦。她认为：踏踏实实地做好现在的工作就是践行自己离校时的诺言。

◆马运红是如何改变自己命运的？

◆根据自己家里的情况，谈谈自己的人生打算。

在马运红的身上，我们看到了家庭、学校和社会对她个人成长成才的积极影响。幸福的人总是相似的，家庭困难的人则各有各的不幸，穷人的孩子早当家，珍惜苦难给予的磨炼，并将其消化在成长的路上。我们需要辩证地理解"穷"，穷能极大地激发我们的潜能，穷是我们前进的动力，穷让我们体验到生活的困苦，从而促使我们为美好生活而奋斗。人穷不要紧，最要紧的是要有志气，要比别人有更强的观察力，还得为自己树立好目标，要坚持到底，创造成功。马运红在学校和社会的帮助下，用自己的努力改写了自己的命运，我们制订职业规划时也必须充分考虑自己的各种家庭因素、学校影响和社会背景。

【规划诊断】

杨德超出生在湖北省广水市骆店乡孙庙村，他是这个村子里的第一名大学生。杨家家境贫寒：父母重病缠身，兄妹五人，大姐因病早逝，大哥离异，二哥智残，二姐杨艳梅小学毕业就外出打工，补贴家用，供杨德超读书。

1997年，杨德超高考那年，在广东打工的二姐杨艳梅遭歹徒施暴，险被强奸，受到惊吓的杨艳梅沿铁路线步行45天，竟走到河南信阳，后经警方联系返家，从此患上精神分裂症。

杨艳梅回到家乡便匆匆成家。2002年1月25日，由于婚姻生活不幸，杨艳梅离家出走，从此下落不明。同年4月，杨德超考入厦门大学攻读硕士研究生。

由于种种原因，杨家人放弃了对杨艳梅的寻找。有一段时间，杨德超甚至狠下心来，"假装从来没有这样一个姐姐"。

2005年8月18日深夜，在浏览一个地图网页的时候，杨德超突然想起8年前二姐那场千里跋涉的不幸遭遇：16个小时火车路程，45天的步行……

杨德超陷入深深的自责："我们的感情被贫困和自私——主要是自私——吞噬得丝毫不剩！"他淌着泪连夜写下8 000字题为"致父亲的信：一位硕士生对姐姐的深切忏悔"的文章，并把这篇文章发到了北京大学的一个网站上。

在这篇文章中，杨德超表示："我要彻底撕破掩盖在自己脸上虚伪的面纱，学会体会并同情他人的痛苦。"此后，杨德超在学校办了"暂缓研究生毕业"的手续，一心一意寻找对自己恩重如山的二姐。

3个多月，他收到了20多个省市2 400多条热心人提供的线索，他一一核对，并四处奔波寻找。12月7日晚7时，根据湖南省邵阳市新宁县黄龙镇一唐姓好心人提供的信息，杨德超终于在当地找到了离家出走的二姐。

失散近4年、历尽曲折的姐弟俩团聚了。姐姐杨艳梅抓着弟弟的手，迟迟不肯放开。

资料来源：钟楠，肖木森. 心灵经历严峻考验 研究生重拾亲情寻姐泪花流.

楚天都市报，2005 - 12 - 12.

◆假如你是杨德超，你会选择读书还是就业？

◆你认为杨德超在做职业规划时没有考虑什么因素？

高中考大学，再考硕士，考博士，出国……这就是我们所追求的所谓的成功。可是，在一个个所谓的成功实现之后，我们回头想想，在追求成功的过程中，我们忽略的是不是太多了，我们甚至以亲情、友情和爱情为代价。我们的价值观是不是出现了问题？我们的社会是不是出现了问题？我们职业生涯的成功是要建立在家庭幸福和人生美满的基础上的。

【规划宝典】

在现实中，职业生涯成功与个人的外部条件是密切相连、不可分割的。制订个人职业生涯发展规划时应充分考虑家庭条件：家庭经济状况、父母职业、家人的社会地位、家人的期望等。职业生涯的每一个阶段都与家庭因素息息相关，或协调或冲突。研究表明，很多时候，家人向个人施加的压力，要远远超出一项工作或职业的压力，而家庭成员的意见对个人的生涯发展有很大的影响。因此，家庭因素会影响我们的职业生涯发展，但除此之外，我们所居住的地理位置、学校环境和社会大环境也会对我们产生影响。总之，职业生涯规划是我们所处的环境（家庭、学校、工作、社会环境）和我们从该环境中学来的经验相互作用的结果。

【规划体验】

实地走访家人的工作单位，在愉快的氛围下，与家人长谈一次，深入了解自己家庭的经济状况、家人的工作情况和家人的期望等。

家庭成员	称谓	学历	工作单位	年收入	特长	希望你从事什么职业

【职业动态】

幼儿教师：主要以女性教育者为主，负责教育学龄前儿童，也就是幼儿。幼儿教师主要对幼儿进行启蒙教育，帮助他们获得有益的学习经验，促进其身心全面和谐发展。教师资格证是教育行业从业人员教师的许可证，幼儿园教师要具备合格的相应学历：幼儿师范学校毕业或以上学历，参加由教育行政部门和语言文字工作机构共同组织的普通话测试并取得二级乙等以上成绩，非师范教育类专业毕业生还应取得教育学、教育心理学的合格证书。

（百度百科）

吴红霞，一个来自大山的农村孩子。小时候，她最大的梦想就是能像自己的老师一样"领着一群小鸟飞来飞去"。初中毕业后，她如愿以偿考上万县幼儿师范学校。三年的幼师生活，让她知道了幼儿教师也是挺不容易、挺了不起的！但走上工作岗位后，她却陷入了迷茫——他们县同年从幼师毕业的三人中，两个留在了县城，而她被分到了乡镇幼儿园。

由于种种原因，她所在的幼儿园生源严重不足，十来个教职工带着十来个孩子，生活单调乏味。她几次想跟别人一样"停职留薪"打工去，但每次又因为太多的不舍而留了下来。1995年，她进入了现在的单位——重庆云阳县实验幼儿园。新的环境，让她学会了沉下心来做事，学会了不断反思和调整自我；新的角色，让她学会了用妈妈一样的爱心去包容孩子，用妈妈一样的眼光去欣赏孩子。于是，她发现，自己所从事的职业是那么美好，是那么富有诗意和创造力。现在，她正享受着幼教事业带给自己的乐趣、感动和幸福！她觉得自己的梦越做越美了。

如今，早已成为高级幼教的她，仍继续在幼教事业上奋力成长着。

资料来源：吴红霞. 野百合也有春天——一个农村幼儿教师的成长故事.

今日教育·幼教金刊，2011（12）.

专题4　行业发展前景

俗话说："三百六十行，行行出状元"；"女怕嫁错郎，男怕入错行"。隔行如隔山，人生规划要充分考虑自己日后将进入哪一行业发展，同时在校期间也要多留意该行业的状况，多向该行业的专家请教，找准发展的切入点。

【规划达人】

顺德区陈村镇地处珠三角的中心和广佛都市圈群内，是广州、佛山、顺德、番禺、南海交通交汇处，是顺德的"北大门"，总面积50.9平方公里，下辖8个居委会和7个村委会，常住人口7万多人，流动人口5万多人。

陈村历史悠久，人口稠密、物产丰富、商业兴旺、交通发达，自古即为商贾云集之地。曾与广州、佛山、东莞的石龙镇合称为"广东四大名镇"，有"陈村谷埠"之称；又因盛产花卉，素有"中国花卉第一镇"的美誉。围绕花卉的主题，以陈村花卉世界为龙头的经济政策带动了全镇花卉取得新的飞跃，并促进其他行业向更高的层次发展。

周建，2005年毕业后在一家企业当学徒工，月薪仅800多元，这种技术含量低且简单枯燥的学徒工满足不了他那颗不甘平庸的心。

经过一段时间的用心观察后，他发现近几年随着城市化进程的飞速推进，装吊栽种大型花木的需求日益增多。原本就对机器设备充满兴趣且是机电专业的他，敏锐地看到装吊栽种花木背后的巨大商机。在与家人认真商量后，他辞去现有的工作，开始了他的自主创业之路，创办吊车公司。

与许多创业人一样，他的起步阶段是相当艰难的。但是凭着自己不怕吃苦不怕累的精神和他那独特的经营方法，以及善于抓住商机的敏锐头脑，他的公司慢慢地发展起来了。目前他已是一位固定资产超过500万元、公司业务遍及珠三角的青年企业家。

◆周建的职业生涯发展是如何结合当地特色产业的？

◆周建是如何选择创业项目并分析其发展前景的？

职业规划需要考虑本地区的经济状况和行业的发展前景。经济发展的特点决定了本地区不同行业的发展前景，决定了本地区需求的人才类型。制订

项目训练二　我在哪里——分析发展的外部条件

与本地区经济发展相适应的职业规划是本地区学生在本地区成功就业或创业的必要条件。人生要想有一番作为，就必须选择一条适合自己的跑道，这条跑道必须符合地方的经济实情，不考虑当地实情，就很难发挥出自己的才华；不考虑当地实情，很可能会多走很多弯路。

【中职风采】

有一名毕业生通过在网上卖家具创业，竟只用不到一年的时间，就成为月收入十万元的"小富豪"，而他因此也入选了 2009 年网商评选的百强行列。他就是 2008 届广州白云工商高级技工学校计算机与网络应用专业毕业生林佐义。

林佐义出身于一个贫困的家庭，2007 年 5 月，在众多同学忙着找实习单位时，他却坚定创业信念。刚好他手头有 1.1 万元，他就以此作为创业基金，来到顺德乐从开设小型网站建设工作室。"我很久以前就已经考虑好要出来创业，所以没投过一份简历，甚至连简历怎么写都不知道。"林佐义告诉记者，也许是因为自己性格比较孤僻，担心无法与同事相处融洽；也许是因为来自潮汕，受家里小本经营的影响，所以才走上创业之路。不过，刚开始创业时，林佐义充满了迷惘。"女朋友在家具城工作，而且网站建设工作室跟自己所学的专业相关联，所以先进行家具网站建设的市场分析。"他回忆道，"之后我投资了 8 000 元开设工作室。自己派发宣传资料，跟家具城内的店主打交道，但近 2 个月的时间里工作室只接了 1 个订单，交易价是 1 500 元。"工作室业绩不好，为生活所迫，林佐义不得不考虑后路。他无意中发现在网络上销售家具也许是一条新出路，再加上在淘宝开店不需要太多资金，所以在 2007 年7 月他开始在淘宝上开网店卖家具。他把从家具城各店铺购买的家具拍照上传售卖。"用行话来讲就是炒货，我就相当于中间商，在厂商与消费者之间赚取一定差额。"

在 2007 年底，网络销售家具的第一个高峰期到来，林佐义也在同年 10 月成立了公司，旗下员工共有 100 余人，月收入数十万，95% 的业务是网店业务。今年 2 月林佐义还设立了工厂，转型成自产自销的形式，目前有约 80 名员工。据了解，公司一个月可以接到价值 200 多万元的订单，利润率达8% ~ 25%，月收入数十万元。

最后，林佐义建议，创业之前，要考虑如下几方面的因素：一是资金来源；二是市场前景的预测；三是运行过程中遇到突发情况的处理；四是公司内部员工的搭配与任务分工。他特别强调第三点，突发情况是无法预测的，有相当多的毕业生心理承受能力不强，遇到突发情况不能从容面对，所以第三点是最关键的，也是最困难的。

资料来源：薛冰，陈锦贤. 信息时报，2009 - 06 - 30.

◆林佐义为什么能创业成功？

◆讨论网络销售的风险与机遇。

机会偏爱有准备的人。林佐义早就做好了职业规划，并进行了可靠的市场分析，这让他及时抓住了网络销售的好商机，并得到了丰富的回报。很多同学想开一家网店，但没有规划，没有经验，也不知道该怎么办，以至于他们还在门外徘徊观望，很多东西都不懂；还有些人则想尝试锻炼自己，不懂并不能阻挠在他们心中萌发的创业梦。在这个世界上，只要你肯花工夫，功到自然成；只要你努力，路就在你的脚下。有句话叫做："有志者、事竟成，破釜沉舟，百二秦关终属楚；苦心人、天不负，卧薪尝胆，三千越甲可吞吴。"

【规划诊断】

李清，2006 年中职毕业。她了解到在广东出售的樱桃通常要几十元钱一斤，所以梦想通过种植樱桃致富。于是，她在四会租用他人的土地，共种下 10 亩樱桃，但其栽培的樱桃却很难结果。她说："土地是租来的，每年要支付一定的租金，但因为无法解决樱桃在南方结果的难题，多年的心血白费了，连本钱也亏了。"李清绞尽脑汁寻找对策，但也很难改变现实的状况，这给她带来了无尽烦恼。

◆李清失败的主要原因是什么？

樱桃在南方难以结果的现实最终导致李清的投入和心血全部白费，所以职业生涯发展必须充分考虑本地区的实际情况，要与本地区的社会经济发展及产业结构的特点相结合，要找出本地区具有发展前景的职业，根据社会需求来进行规划。

【规划宝典】

在职业生涯规划时必须对本地区的社会经济环境进行评估，明确本地区的社会需求。正所谓"知己知彼，百战不殆"。要想融入本地区，找到一份理想的职业，一是要了解本地区究竟需要什么样的人才，二是要分析本地区的行业条件并明确本地区当前及未来需要的行业人才，三是要了解本地区的产业结构。只有对这些因素进行充分了解，才能做到趋利避害。

目前陈村特色经济所涉及的花卉业、机械业、物流业的前途广阔，但相关企业经营管理水平普遍较低。本地区特色花卉产业链的扩展和花卉市场的日益活跃，对花卉人才的需求有增无减，特别是在产品开发、加工工艺、包装设计、农产品营销、绿色花卉业生产与检验等方面的专业技术人才十分紧缺。随着地区经济的快速发展，陈村各行业对具有现代管理理念和现代管理能力的行业管理型人才的需求将会大大增加。

【规划体验】

以共同的职业发展方向为依据，成立一个调查活动小组。通过文献查阅、实地访谈、问卷调查、参观访问等方式，了解本地区的行业发展情况，调查内容可参考以下：

1. 你所在地区的经济发展以什么行业为主？
2. 你即将从事的行业在本地区的发展前景如何？
3. 目前，本行业要求从事这份工作的人员应具备哪些素质要求？
4. 本行业的从业者需要完成什么工作内容？
5. 本行业内，单位对刚进入该领域工作的员工一般会提供哪些培训？
6. 你从事的行业在经济发展速度放缓的大环境下有没有受到影响？如果有，你有什么应对的策略？
7. 你选择从事这个行业实现你的人生价值了吗？家庭成员对你的职业选择持什么态度？

【职业动态】

结构工程师：指进行结构的计算和绘制结构图，并取得相应资质的人。从事该职业要求有 1～3 年相关工作设计经验以及一定的产品管理、项目管理经验，熟悉结构设计开发流程，懂得模具的设计知识，了解相关的新技术、新工艺，能够熟练使用 AutoCAD 软件，同时根据企业需要熟练使用 Inventor、Pro/Engineer、UG 和 Solid Works 等三维辅助设计软件中的一种，工作主动积极，有责任心，动手能力强，做事仔细有条理，逻辑思维能力强。

温雪莹，陈村职业技术学校 2005 届机电专业毕业生，来自江门鹤山，属于外地生源。在校期间她担任班团支书，是学校学生会生活部部长，各方面表现优秀，具有刻苦钻研的精神，独立能力出众，具备良好的沟通能力与人际关系处理能力，综合能力极强，特别是通过自己的努力使自己具有很强的专业设计能力。

2005年6月毕业后，她先后任职于勒流华润电器有限公司、华强照明电器有限公司，现在在容桂科荣电器有限公司工作，职务是结构设计工程师，固定月薪5 000元以上，不包括各种福利。

其短短一年多的工作经历可以说是一部中职毕业生自强不息、奋发成才的经典教科书。从她到第一个公司上班开始，她就详细规划好了自己的职业生涯。那就是在不长的时间内成为行业工程师。每到一家公司她除了追求完美地完成本职工作外，就是抓住一切机会学习身边人的专业设计理念与技能。经过不断的努力与虚心学习，她成功了。用她的一句话来说就是：激情铸造明天。其事迹被佛山珠江商报专题报道过，是我校毕业生成才的典范。

项目训练三 我往何处去——确立发展目标

目标是一方罗盘，帮你导引人生的航向；目标是一盏明灯，照亮了属于你的生命路途。目标是我们人生之舟的航向与明灯，没有它的指引，我们就无法到达成功的彼岸。

未来的我将往何处去呢？同学们，请畅想一下自己未来的职业生涯吧。以下问题将会帮助你进一步认清自己的职业目标，请你认真地做出选择！

1. 你现在有职业目标了吗？（　　　）

    A. 很确定，并且付出了行动　　B. 有，但只停留在脑海中

    C. 想过，但不太确定　　　　　D. 没有目标

2. 未来的你想从事什么职业？（　　　）

    A. 业务类（如销售、市场）　　B. 管理类（如行政、人事）

    C. 技术类（如工程师、物流师）D. 操作类（如钳工、电工）

    E. 创业类　　　　　　　　　　F. 体力类

3. 您的目标是怎样的？（　　　）

    A. 短期的　　B. 中期的　　C. 长期的　　D. 每个时期的目标都有

4. 你长远的职业目标是什么？_____

5. 你未来职业的最高职位是什么？_____

6. 你确定自己的职业目标时受谁的影响最大？

    A. 亲人　　　　B. 名人　　　　C. 老师　　　　D. 同学

7. 毕业后，你将选择从什么职业开始做起？（　　　）

    A. 学徒工　　B. 勤杂工　　C. 助理　　　D. 部门主管　　E. 老板

    F. 其他_____

8. 你认为工作后要成为基层的主管需要经历多长时间？（　　　）

    A. 半年至1年　　B. 2年至3年　　C. 3年至5年

    D. 5年至8年　　　　E. 8年以上

9. 你对自己工作两年后的月薪收入期望是多少？（　　　）

    A. 2 000元　　B. 3 000元　　C. 5 000元　　D. 10 000元

10. 你对自己工作十年后的月薪收入期望是多少？（　　　）

    A. 2 000元　　B. 3 000元　　C. 5 000元　　D. 10 000元

专题5　选择合适的职业目标

人的一生很短暂，任何人都不可能在一生中掌握所有的技能，所以选择职业目标要遵循一定的准则：择己所长、择己所爱、择己所利、择世所需。

【规划达人】

作为职业作家和演说家，马克·吐温取得了很大的成功，可谓名扬四海。但是，你也许不知道，马克·吐温在试图成为一名商人时却栽了大跟头，吃尽苦头。

最初，马克·吐温投资开发打字机，不料一无所获，还赔掉5万美元。马克·吐温心中不甘，又凑钱开了一家出版公司，结果又很快陷入了困境，不得不宣告破产。为此，马克·吐温背上了沉重的债务。

经过两次打击，马克·吐温终于认识到自己毫无经商才能，从而断了经商的念头，开始在全国做巡回演说。这样一来，风趣幽默、才思敏捷的马克·吐温完全没有了商场中的狼狈，重新找回了自信。

资料来源：中国教育在线综合报道. 职场生涯规划的四大黄金准则.
2012 – 05 – 17.

◆马克·吐温的经历告诉我们确定职业目标应该注意什么？

尺有所短，寸有所长。有的人善于与人打交道，有的人则适于机器操作，有的人更适于技术革新。每个人都有自己的优势技能。从马克·吐温的经历来看，我们明白了制定职业目标涉及一个人职业匹配的问题。我们要了解自己，清楚自己适合做什么，择己所长才能最充分地发挥自己的潜在优势，体现自己的价值。因此，我们在规划自己的职业生涯时，需要综合分析自己各方面的条件，做好职业定位，从而确立一个适合自己的职业发展目标。没有最好的职业，只有最适合自己的职业。

【中职风采】

提起黄伟明这个名字，你可能未必熟悉。但说到喜羊羊，那可就是家喻户晓的卡通明星了。黄伟明是喜羊羊的原作者，这部叫好又叫座的卡通动画近几年让全国人民似乎看到了国产原创动漫的希望。

黄伟明，这位大器晚成的漫画天才，是一名土生土长的广州人。他从小受父亲与哥哥的影响而迷上画画。1988 年，他参加了广州市政府举办的大、中学生漫画大赛，第一次画漫画就获得了优秀奖，让他颇有成就感。尽管他没有考上大学，但他一直没有放弃对漫画的理想。

中专毕业后，黄伟明进入了一家酒店做人力资源管理，在酒店中无意看到了香港《文汇报》的漫画专栏正在向内地征稿。他很快投去自己的漫画稿，没想到顺利被采纳了。"香港报纸的漫画稿费那时候挺不错，一幅漫画100元。"黄伟明笑着说。就这样，他坚持在香港报纸上画了 7 年漫画，也逐渐开辟出越来越多的漫画专栏，比如反映市井生活的《甘先生》、《番薯糖水》等。

由于有搞笑幽默天赋，黄伟明很快吸引到一家港资驻穗影视公司的注意。1995 年他开始在广东电视台《今宵合家欢》综艺栏目里担任搞笑编剧。这时候，黄伟明开始将自己的搞笑天赋发挥到编剧上面，每期节目的明星搞笑桥段都由他创意编写。接着，黄伟明有了出国深造的机会，他选择到加拿大学习美术与设计，并接触到了互联网的动画，"我一直认为，搞漫画要先能画好画，在国外的三年里，我系统学习了美术，素描和油画都得到了扎实训练"。尽管异国求学艰难，黄伟明依旧没有放弃漫画创作。他在美国《世界日报》等华文报纸上连载漫画，一直坚持了差不多 10 年。

或许是因为这些漫长而丰富的经历，他回国后不久，就创作了第一部家庭幽默情景式动画片《宝贝女儿好妈妈》，获得了不俗反响，他也因此很快吸引到《喜羊羊与灰太狼》投资方的注意，等来了成功的最后一把阶梯。在 33 岁这年，黄伟明一举成名，他的成功之路有点像现实版的"灰太狼"，开始屡屡受挫，但锲而不舍，毫不灰心。

资料来源：黄伟明：大器晚成的现实版"灰太狼". 中华工商时报报道，

2011 - 07 - 29.

◆黄伟明是如何确定自己的职业发展目标的？

◆你认为他最后为什么能一举成名呢？

浓厚的职业兴趣是黄伟明事业腾飞的引擎，也正是这种对兴趣的无悔追求造就了黄伟明的成功。兴趣是人最初的动力，是成功之母，在你最感兴趣的事物上，隐藏着你人生的秘密。不同的人对不同的事物有不同的兴趣，有的人因读书、写作、演算、设计乐而忘返，有的人对车、钳、刨、洗、摄影、琴、棋、书画等津津有味。正是这种兴趣上的差异，构成了人们选择职业的重要依据。所以，确定合适的职业目标就要择己所爱，从事一项感兴趣的工作本身就能给人以满足感，职业生涯也会因此变得妙趣横生。

【规划诊断】

小伟是我中职阶段的同学，他非常聪明，学习也很刻苦。他18岁时考上了一所高职学院。在这分开的十来年里，我们几乎每隔两三年会见一次面。每一次我都喜欢问他同一个问题：你将来的目标是什么？得到的答案总是不相同。下面记录的是我和小伟每次谈及目标的原话：

18岁，高中毕业典礼上：我发誓要当李嘉诚第二！我要当中国首富！

20岁，春节老同学团聚会上：我想创立自己的公司，30岁时拥有资产2 000万元。

23岁，在某工厂当技术员，第二职业是炒股：我正在为离开这家厂而奋斗，因为在这里工作太没前途了。我将全力炒股，三年内用5万元炒到300万元。

26岁，炒股失败欠了一屁股债而情场得意，在不太风光的结婚典礼上：我想生一个胖小子，不久的将来当个车间主任就行，别的不想了。

28岁，所在的工厂效益下滑，而妻子怀孕了：我希望这次下岗名单里千万不要有我的名字。

◆小伟的目标之所以"不断滑落"的原因有哪些？

◆你也有过远大的理想吗？你是否考虑了这一远大目标应具备的外部条件和内部条件？

小伟的目标之所以"不断滑落"，是因为小伟眼高手低，没有分析自己与这一长远目标之间的差距，没有理清长远目标对自己内部条件和外部条件的要求。如没有对职业资格、学历、专业知识和技能、工作经验、阅历、人际网络、资金以及区域经济特点、行业发展动向等进行分析。更谈不上为实现长远目标而进行持之以恒的实际行动了。刚开始的时候当技术员，他没有去细心研究技术，却去炒股，想赚到300万元，后来炒股失败，又想当车间主任，最后技术也不是很精通，担心下岗名单中有自己的名字。这显然是很容易失败的。

实际上，我们要想在未来职业生涯中获得成功，首先应该确定一个切合实际的职业目标。每个人都有自己的能力、优势和个性特征。综合分析自己的实际情况，初步感受自己选择的职业是否适合自己，清楚自己适合做什么，择己所爱、择己所长才能最充分地发挥自己的特长，体现自己的价值。

【规划宝典】

职业生涯发展目标必须符合发展条件。职业生涯的发展条件有外部条件和内部条件。内部条件主要指职业兴趣、职业性格、职业能力、职业价值取向、个人的优势智能、自信心、现实的个性特点、学习状况、行为习惯等。外部条件主要指家庭状况、区域经济特点和行业发展动向等。

职业目标的确定，应立足于个人的内外部条件来设计，保证目标适中，不可过高或过低。理想职业目标的确立主要考虑两方面的因素：一是自身条件因素，二是客观环境因素。具体来讲，做好职业生涯规划要综合考虑三点：①把理想的职业和所学的专业结合起来，尽可能立足于自己的专业，这是从事职业的资本之一；②职业生涯发展要与本地区社会经济发展及产业结构的特点相结合，根据社会需求来规划；③职业生涯发展要与自身条件相结合，量体裁衣，根据自身条件确定人生规划。

【规划体验】

1. 请根据自己的实际，在后面填上相关的内容。

长期目标	
外在的职业发展目标	工作目标：
	职务目标：
	工作环境目标：
	经济目标：
	工作地点目标：
内在的职业发展目标	观念目标：
	工作能力目标：
	工作成果目标：
	心理素质目标：
	掌握新知识目标：
	处理人际关系的目标：

中期目标		
外在的职业发展目标	工作目标：	
	职务目标：	
	工作环境目标：	
	经济目标：	
	工作地点目标：	
内在的职业发展目标	观念目标：	
	工作能力目标：	
	工作成果目标：	
	心理素质目标：	
	掌握新知识目标：	
	处理人际关系的目标：	

短期目标		
外在的职业发展目标	工作目标：	
	职务目标：	
	工作环境目标：	
	经济目标：	
	工作地点目标：	
内在的职业发展目标	观念目标：	
	工作能力目标：	
	工作成果目标：	
	心理素质目标：	
	掌握新知识目标：	
	处理人际关系的目标：	

【职业动态】

平面设计：以"视觉"作为沟通和表现的方式。透过多种方式来创造和结合符号、图片和文字，借此做出用来传达想法或讯息的视觉表现。

平面设计师是把文字、照片或图案等视觉元素加以适当的影像处理及版面安排，然后表现在报纸、杂志、书籍、海报、传单等纸质媒体上，即在纸质媒体上进行美术设计及版面编排的人员。CVEQC 是中国职业教育资格认证指导中心颁发的专业技能证书。

职业方向： 网站美工人员、设计助理、平面设计师、资深设计师、建筑设计师、美术指导、设计总监。

张达利，生于西安，是一名以平面设计出身的设计师，代表作为《字非字图非图》。他曾获"首届华人平面设计大赛"金奖、银奖、铜奖、评委奖，多次组织策划极具专业影响力的艺术展及艺术赛事，如深圳设计6人展、平面设计在中国展、五叶神反烟害海报设计大赛等，并在国际国内获各类奖项100多项。

1983年他考取西安美术学院装潢系，大学三年级时，他开始真正接受现代的艺术和设计思想。那时候西安和日本有很多交流，有很多日本的设计和艺术书籍可以接触到，特别是京都短期艺术大学的九谷正树来讲学等，对他影响很大，算是思想上真正开始对现代设计有所领悟。当时西安有一些留学日本的老师陆续回来，如党晟，他们也带来了很多信息。还有陈绍华老师，他当时在西安美术学院进行了素描教学改革，受到他在第六届全国美展获奖作品《绿，来自您的手》的影响，张达利对设计产生了浓厚的兴趣。还有就是从尹定邦、王受之等学者的很多论著上了解到现代设计的发展以及相关理论等。

他毕业后就直接来到深圳，这是因为深圳具有迅猛的发展势头以及发达的国际资讯，这些对他而言是最有吸引力的。他先是在深圳建筑设计院，1993年他和朋友创办弘宇企业形象设计公司，1995年改名为张达利设计有限公司。

张达利认为设计师需要不停地变换角色，和变色龙变身的效果很相似，就是可以随时"融入"角色中，又可以随时抽离。我把这种变换定义为：不断地蜕变自己。

资料来源：河北博才网．著名平面设计师张达利先生访谈 蜕变自己．2013－04－15．

专题6 构建合理的发展阶梯

正如一朵花的成长需要经历多个阶段，职业的成功也不可能一蹴而就。阶段目标是通向长远目标，实现人生价值的台阶，没有阶段目标的构建，人生目标就不可能实现。我们要一步一步往上爬，开拓一片属于我们自己的天地。

【规划达人】

一个美国小伙子立志做一名优秀的商人。

他的父亲是洛克菲勒集团的一名高级职员，他发现儿子有商业天赋，机敏果断，敢于创新，却没经历过什么磨难，没有经验，更缺乏知识。于是，父子俩进行了一次长谈，共同制订了计划，描绘出了职业生涯的蓝图。

小伙子中学毕业后考入麻省理工学院，他没有选择读贸易专业，而是选择了工科中最普通最基础的专业——机械专业。因为做商贸必须具备一定的专业知识，而在贸易中，工业商品占据了绝大多数，如果不了解产品的性能、生产制造情况，就很难保证贸易的收益。因此，具备一些工科的基本知识是经商的先决条件。另外，工科学习不仅是知识技能的培训，它还能帮助他建立一套严谨求实的思维体系，训练他的推理能力，使他保持脚踏实地的工作态度，这些素质对经商帮助极大。他就这样在麻省理工学院度过了四年，四年时间里，他没有拘泥于本专业，还广泛接触了其他课程，学习了有关化工、建筑、电子等许多方面的基本知识，这些知识在他后来的商业活动中发挥了不可忽视的作用。

大学毕业后，这位小伙子没有马上投入商海，而是考入芝加哥大学，攻读为期三年的经济学硕士学位。这期间，他掌握了经济学的基本知识，深入了解了经济规律，懂得了商业活动的社会地位和作用，搞清了影响商业活动的众多因素。他还特意认真学习了相关经济法律，他明白了没有法律保障，现代商业将陷入一片混乱。他更注重学习微观经济活动的管理知识，而不是把主要精力用来研究理论经济学。因此，他对会计财务管理较为精通。这样，几年下来，他在知识上完全具备了经商的素质。

出人意料的是，获得硕士学位后，他还是没有从事商业活动，而是考了公务员，他在政府部门一干就是五年。这五年中，他从稚嫩的热血青年成长为老成世故的公务员。此外，他通过五年的政府机关工作，结识了一大批各界人士，建立起一套关系网络，这为他提供了丰富的信息和便利的条件，这对他后来的商业成功帮助极大。

五年的政府工作结束之后，他已经完全具备了成功商人所需的各种条件，于是，他辞职下海，去了父亲为他引荐的通用公司熟悉商业业务。又过了两年，他已熟练掌握了商情与商务技巧，业绩斐然。这时候，他不再耽搁时间，婉言谢绝了通用公司的高薪挽留，跳出去开办自己的商贸公司，开始了梦寐以求的商人生涯，正式实施多年前的计划。二十年后，他的公司资产从最初的20万美元发展到2亿美元，而他也成为了一个奇迹，受到世人的尊敬。

这位小伙子就是美国知名企业家比尔·拉福。

资料来源：苏旭升. 比尔·拉福的从商之路. 中国教育报，2009 - 03 - 18.

◆比尔·拉福把自己的职业生涯划分为哪几个阶段？

◆他是如何构建自己的职业发展阶梯的？

比尔·拉福的职业发展路线如下：工科学习→工学学士→经济学学习→经济学硕士→政府部门工作→锻炼处世能力、建立广泛的人际关系→大公司工作→熟悉商务环境→开办公司→事业成功。

比尔·拉福的职业生涯规划脉络清晰，步骤合理，充分考虑了个人兴趣、个人素质，并着重职业技能的培养，这种生涯设计在他坚持不懈的努力下，终于变为现实。

长远目标是分阶段实现的，各阶段目标之间的关系应该是阶梯形的，前一个目标是后一个目标的基础，后一个目标是前一个目标的方向，所有的阶段目标都是指向长远目标的。阶段目标构成了职业生涯规划的脉络，脉络清晰、分段有据、步骤合理、内涵明确、表述准确、衔接紧凑、直指长远目标，这都是设计阶段目标时需要注意的。

【中职风采】

电影演员周迅18岁之前，曾在浙江艺术学校里学习，她每天跟着同学唱唱歌，跳跳舞，生活得无忧无虑。

直到1993年5月的一天，赵老师突然找她谈话："周迅，你能告诉我，你对于未来的打算吗？"

周迅愣住了。她不明白老师怎么突然问出如此严肃的问题，更不知道该怎么回答。

老师继续问："现在的生活你满意吗？"周迅摇摇头。

老师笑了："不满意的话证明你还有救。你现在就想想，十年以后你会是什么样？"

老师的话音很轻，但是落在周迅心里却变得很沉重。她脑海里顿时风起云涌。沉默许久，周迅看着老师的眼睛，忽然就很坚定地说："我希望十年以后自己成为最好的女演员，同时可以发行一张属于自己的音乐专辑。"

老师问："你确定了吗？"

周迅慢慢地咬紧着嘴唇回答："是的！"

老师接着说："好，既然你确定了，我们就把这个目标倒着算回来。十年以后，你28岁，那时你是一个红透半边天的大明星，同时出了一张专辑。"

"那么你27岁的时候，除了接拍各种名导演的戏以外，一定还要有一个完整的音乐作品，可以拿给很多很多的唱片公司听，对不对？"

"25岁的时候，在演艺事业上你就要不断进行学习和思考。另外在音乐方面一定要有很棒的作品开始录音了。"

"23岁就必须接受各种各样的培训和训练，包括音乐上和肢体上的。"

"20岁的时候就要开始作曲、作词。在演戏方面就要接拍大一点的角色了。"

老师的话说得很轻松，但是周迅却一阵恐惧。这样推下来，她应该马上着手为自己的理想做准备了，可是她现在却什么都不会，什么都没想过，仍然为小丫鬟、小舞女之类的角色沾沾自喜。她觉得有一股强大的压力忽然朝自己袭来。

老师平静地笑着说："周迅，你是一棵好苗子，但是你对人生缺少规划，散漫而且混乱。我希望你能在空闲的时候，想想十年以后的自己，到底要过什么样的生活，到底要实现什么样的目标。如果你确定了目标，那么希望你从现在就开始做。"

从学校毕业后，周迅忙于接拍各种各样的影视剧。她始终记得，十年后她要成为最成功的明星，所以她对角色开始很认真地筛选。后来拍了《那时花开》，拍了《大明宫词》，周迅渐渐被大家接受，也慢慢地尝到了成功的快乐。

2003年4月，恰好是老师和周迅谈话后的十周年，不知道这是偶然还是必然，她居然真的拥有了属于自己的第一张专辑——《夏天》。2006年周迅凭借电影《如果·爱》被四度封后，即获金像奖、金紫荆奖、金马奖、金鸡奖影后。

资料来源：周迅. 十年后我会怎么样. 读者图摘，2012 - 10 - 25.

◆赵老师采用了什么思路引导周迅设计自己的阶段目标呢？

十年以后我会是什么样子呢？我们中职生需要先沿着职业理想的方向确立自己的长远发展目标，然后分阶段一步一步地去实现，在设计阶段目标时我们也可以尝试使用这种倒计时的思路，即根据长远目标所需要的台阶，一步一步往回倒着设计。"倒计时"的设计，既可以以职位或职业资格标准为台阶，再确定上每个台阶的时间；也可以以年龄段或时间段为台阶，再确定每个台阶应达到的目标。

"倒计时"设计应有以下步骤：①理清长远目标对从业者的要求，如对职业资格、学历、专业知识和技能、工作经验、阅历、人际网络、资金以及职业道德等方面的要求；②以差距为依据"搭台阶"，为各阶段目标起个简洁、明确、醒目、层次分明的标题；③注明每个"台阶"对从业者的要求，在各阶段目标的标题下，写清达到目标的内涵和其他相关内容；④理顺各"台阶"的衔接，对前后衔接的两个阶段目标要求进行比较，理顺"什么"与"何时"的关系；⑤设定达到目标的标准，要有应对变化的备案，以便根据当时的环境和机会，灵活选择不同标准，让自己有更多的机会体验成功。

【规划诊断】

林小姐，广州人，中职学历，计算机专业，参加工作已4年多。刚毕业时，父母托关系把她安排到了一家公司做文员，平时做一些打字之类的琐碎小事，学不到什么东西，于是林小姐辞职了。后来她又找了几份工作，都和第一份工作差不多。目前林小姐在一家公司做经理秘书，对这份工作，林小姐还是比较满意的。

最近同学聚会，林小姐发现周围的老同学个个比自己混得好，有些已经当上了经理。再看看自己，经理秘书听起来虽不错，但不过是吃青春饭，说不定哪天就失业了，所以林小姐想换一份稳定的工作。想来想去，除了文员、秘书这些也想不出其他工作了。她该怎么办呢？

◆林小姐产生职业困扰的原因是什么呢？

◆请你为林小姐构建一条科学的职业发展路径。

林小姐的问题，就是典型的"职业迷茫"问题。职业顾问认为，造成"职业迷茫"的直接原因就是缺少职业规划。科学的职业规划应包括适合自己的职业目标和职业发展路径。职业目标的不同决定了发展路径的不同，以林小姐为例，如果把行政管理作为职业目标，目前的文员工作是比较符合这个目标的发展路径的。文员→行政助理→行政主管→行政经理→行政总监，可以算是一条很清晰的发展轨迹。

根据对林小姐的职业倾向性测试和工作经验、能力的综合分析发现，林小姐最适合的是行政人事管理类的工作。根据林小姐的情况，专家提出两点建议：①林小姐尽快进行行政人事管理方面的培训和学习。②文员的工作已经不适合其年龄和发展了，跳槽也成了当务之急。她出来谋求职业的定位点应定在中小型企业的行政部门。中小型公司行政人事联合操作的状况比较多，可以积累到大量人力资源和工作经验，然后下一步可以朝行政、人事两条路线行进，无形中拓展自己的发展层面，最终可发展到企业行政人事总监或者主管行政人事的副总职位。

【规划宝典】

职业生涯发展路线：一是纵向发展，即职务等级由低级到高级的提升；二是横向发展，即在同一层次不同职务之间调动，如由部门经理调到办公室当主任。这种横向发展可以发现自身才能与工作的最佳结合点，同时又可以积累各个方面的经验，为以后的发展创造更加有利的条件。

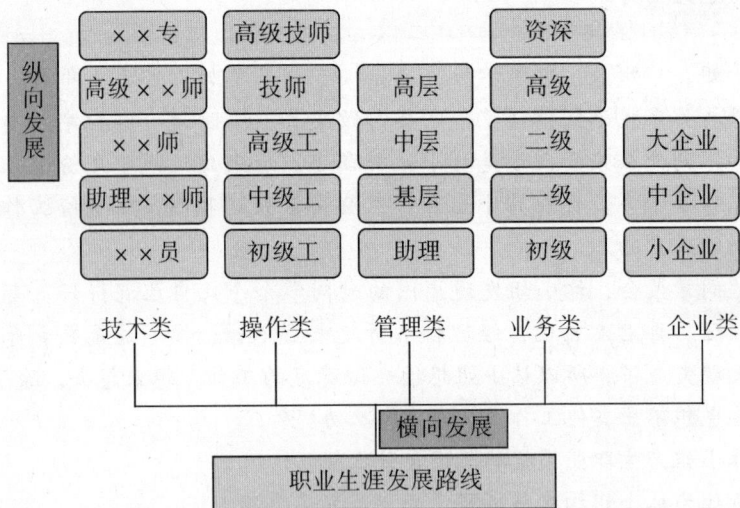

【规划体验】

1. 步步畅想

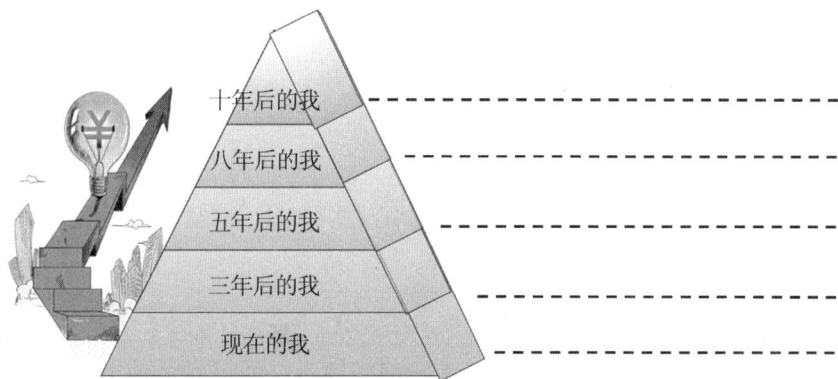

（1）了解"现在的我"，预测"明天的我"，试着运用"倒计时"的思路，为实现自己的长远目标搭"台阶"，在虚线上注明每个台阶的题目和具体内容。

（2）分享在设计过程中得到的经验，交流设计过程中遇到的困难，解决阶段目标设计中存在的具体问题。

2. 彩绘人生

围绕自己的职业目标，规划适合自己的职业发展路径。要求：脉络清晰、步骤合理、符合实际、形式有表现力。

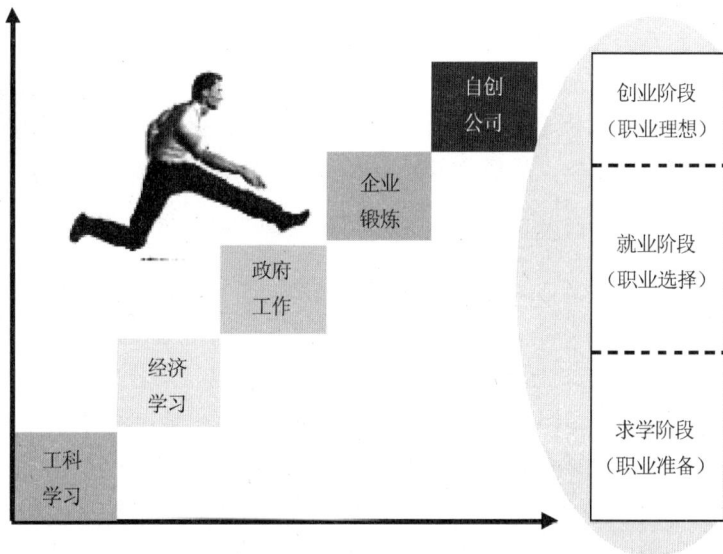

3. 职场打拼

从杜拉拉的职场上升经历看我的职业生涯发展阶段。

杜拉拉职场上升记	我的职场上升记
22~27岁　做行政方面的工作。	
27岁　进入DB，行政秘书，月薪3 000元。	
29岁　销售总监秘书，月薪6 000元。	
30岁　人力资源主管，月薪12 000元。	
33岁　人力资源经理，月薪25 000元。	

【职业动态】

电子商务师：指利用计算机技术、网络技术，通过专业的网络商务平台等现代信息技术，从事各类商务活动或相关工作的人员。中华人民共和国工业和信息化部认证的电子商务师分为三个等级：员级（初级）、师级（中级）、高师级（高级）。商业技能鉴定与饮食服务发展中心认证的电子商务师设有四个等级，分别为：电子商务员（国家职业资格四级）、助理电子商务师（国家职业资格三级）、电子商务师（国家职业资格二级）、高级电子商务师（国家职业资格一级）。

（百度百科）

马云，中国电子商务网站的开拓者，阿里巴巴网站创始人兼CEO。

从小到大，马云不仅没有上过一流的大学，而且连小学、中学都是三四流的。初中考高中考了两次，高中考大学考了三次，其中第一次高考，数学只考了1分。在他第三次参加高考前，他的老师说："你要是考上的话，我的名字倒过来写。"1984年，历经辛苦的马云终于跌跌撞撞地考入杭州师范大学外语系。他的成绩是专科分数，离本科线还差5分，但恰好本科没招满人，马云就这样幸运地上了本科。

大学毕业后，马云在杭州电子工业学院教英语。1991年，马云初涉商海，和朋友成立海博翻译社。结果第一个月收入700元，房租2 000元，他遭到了大家的一致讥讽。在大家动摇的时候，马云坚信：只要做下去，一定有前景。他一个人背着个大麻袋到义乌、广州去进货，翻译社开始卖礼品、鲜花，以最原始的小商品买卖来维持运转。

1994年底，马云首次听说互联网。1995年初，他偶然去美国，首次接触到互联网。对电脑一窍不通的马云，在朋友的帮助和介绍下开始认识互联网。

当时网上没有任何关于中国的资料，出于好奇的马云请人做了一个自己翻译社的网页，没想到，3个小时就收到了4封邮件。

敏感的马云意识到：互联网必将改变世界！随即，不安分的他萌生了一个想法：要做一个网站，把国内的企业资料收集起来放到网上向全世界发布。

那时，互联网对于绝大部分中国人还是非常陌生的东西。即使是在全球范围内，互联网也才刚刚开始发展，马云的想法立即遭到了亲朋好友的强烈反对。

他力排众议，还是决心要干。他说做一件事，无论失败与成功，经历就是一种成功，你去闯一闯，不行你还可以掉头；但是你如果不做，就根本没有成功的可能。就像晚上想走千条路，早上起来却走原路一样。

1995年4月，马云和妻子再加上一个朋友，凑了2万元，专门给企业做主页的"海博网络"公司就这样开张了，网站取名"中国黄页"，成为中国最早的互联网公司之一。

3个月后，临近杭州的上海正式开通互联网，马云的业务量激增。在各企业纷纷忙着建立自己主页的时候，马云的先见之明为他带来了丰厚的利润。当时，制作一张主页，中英文对照的2 000字内容、一张彩照，开价就是2万元人民币。不到3年，马云就轻轻松松赚了500万元利润，并在国内打响了知名度。

1997年，在国家外经贸部的邀请下，马云带着自己的创业班子挥师北上，建立了外经贸部官方网站、网上中国商品交易市场、网上中国技术出口交易会、中国招商、网上广交会、中国外经贸等一系列国家级站点。

1999年3月，马云和他的团队回到杭州，以50万元人民币在一家民房里创办阿里巴巴网站，进行二次创业。他根据长期以来在互联网上为商人服务的经验和体会，明确阿里巴巴的发展方向是为商人建立一个全球最大的网上商业机会信息交流站点，这种为商人与商人之间实现电子商务的服务在整个互联网界开创了一种崭新的模式，并很快引起美国硅谷和互联网风险投资者的关注，被国际媒体称为继雅虎、亚马逊、易贝之后的第四种互联网模式。

2003年5月，阿里巴巴投资1亿元人民币推出个人网上交易平台淘宝网，致力打造全球最大的个人交易网站。2003年10月，阿里巴巴创建独立的第三方支付平台——支付宝，正式进军电子支付领域。从此，马云创办的阿里巴巴引领着互联网由"网民"和"网友"时代进入"网商"时代。

资料来源：杨得志．阿里巴巴CEO马云：从顽皮少年到商界大侠．
中国青年报，2004 - 07 - 26.

项目训练四　我如何到达——职业目标计划与实施

踏着青春的年轮，我们已走上了通往职业的道路。面对当今充满激烈竞争的时代，想要脱颖而出保持不败之地，我们就应有全面的规划、得力的措施、具体的行动。我们写下的是一份希望，写下的是对人生前程的一种承诺。让我们扬帆起航，迈向职场成功的彼岸吧！

我将如何到达理想的彼岸呢？现在的我开始行动了没有？我们先来做一个小调查吧。

1. 你是否清楚自己每天要做的事情？（　　）

   A. 非常清楚　　　B. 清楚　　　C. 不是很清楚　　　D. 一点也不清楚

2. 你是否清楚自己未来三年到五年的行动计划？（　　）

   A. 非常清楚　　　B. 清楚　　　C. 不是很清楚　　　D. 一点也不清楚

3. 你清楚职校三年将要考取哪些职业资格证书吗？（　　）

   A. 非常清楚　　　B. 清楚　　　C. 不是很清楚　　　D. 一点也不清楚

4. 你过去是否有过做兼职的经历？（　　）

   A. 曾经有过很多次　　　　　　　B. 曾经有过一两次

   C. 从未有过但有此打算　　　　　D. 从未有过也没有打算

5. 你认为在当今社会获得职业的成功主要依靠什么？把以下各因素按其重要性进行排序（　　）

   A. 背景　　B. 智商　　C. 情商　　D. 能力　　E. 人脉　　F. 学历

专题 7 制订行动计划与措施

职业生涯目标是职业生涯规划的关键，职业生涯策略和具体的计划、措施是实现职业生涯目标的保证。要实现自己的职业生涯目标，就必须制订具有针对性、明确性与可行性的行动计划，并将策略和具体的计划转化成实际的行动。这样才能在职业发展过程中克服种种困难，达到职业成功的彼岸。

【规划达人】

美国一个年轻人从法学院毕业以后，买了一本书，书名为"如何管理自己的时间和生命"。书里说把你一生想要做的事情列成一个表格，然后根据你的目标列出你的具体行动。这个人回到家里，列出了自己的人生目标。他说："我要做一个好人，娶一个好老婆，养几个好孩子，交几个好朋友，做一个成功的政治家，写一本了不起的书。"然后他在每一项目标底下列出具体的行动，这个人凭着这本书和对人生的计划，做到了美国的总统，他的名字叫做什么？

他就是克林顿。

他是一个出身卑微的遗腹子，却全凭个人奋斗登上了美国政治权利的顶峰；他的八年总统任期几乎都是在与对手的政治斗争中度过，却取得了美国历任总统中仅次于林肯和肯尼迪的政绩；他因性丑闻遭到弹劾，却仍然是一位举世公认的偶像人物。

◆克林顿实现个人职业成功的关键是什么？

克林顿出生于一个普通的家庭，但他通过制订一系列的行动计划来管理自己的时间和生命，从而登上了美国政治权利的顶峰，成为了一个"自我造就的总统"。毫无疑问，他所制订的计划与措施是相当有效的，从而保证了职业目标的实现。

【中职风采】

李淑君，陈村职业技术学校 2010 届计算机应用技术专业毕业生。2010 年她进入佛山市盛世超联科技有限公司，2011 年她已成为该公司的销售工程师，月收入七千多元，得到公司领导的赞扬和重视！

"当我第一次踏出这个社会的时候，心情是复杂茫然的，我想我可能无法计算人生的路途有多远，但是我可以把握人生旅途中的每一个站台，每一件事，每一道风景。"回首过往，李淑君感慨万千，"回头看看我所走的每一步，都是因为有在陈村职校进行的职业规划，才让我的人生有了目标。"

在职校的三年里，她活泼开朗，曾担任班里的体育委员，有意识地锻炼了自己良好的语言和交际能力；在学习上，她勤奋学习、苦练技能，参加创新教育及创新比赛，取得良好成绩；课余时间，她还积极承担出黑板报、设计活动招贴、班级宣传等工作，成为老师的好帮手。在职校老师的悉心帮助和指导下，李淑君逐渐成长为一个富有创新精神、敢于拼搏、有责任感的人。

毕业后，她到了学校安排的珠海市三灶镇的珠海市精时科技有限公司。公司远在珠海，她却毫无怨言，欣然接受，并全心全意地投入到工作中。艰苦和全新的环境使她学会了独立与坚强，坚强的内心换来的是丰厚的回报和自己的快速成长。

2010年4月，李淑君加入了从事互联网设计、开发和营销的佛山市盛世超联科技有限公司，从事网络营销工作，这对她而言，是进入了一个全新的领域。到盛世超联公司的第四个月，李淑君就将职业目标定在了部门经理和销售总监的位置上，做别人不愿做的事，做别人不敢做的事，做别人不能做的事。

面对困难，她坚信自己比其他人坚强。在工作中，她不断地学习互联网专业知识，学习营销技巧，强化心理素质，学习与人沟通的方法等等，她不断地看书，不断向前辈学习，吸取他们的经验，尽量让自己充实些，少走弯路。有了成功经验的借鉴，再经过坚持不懈地努力，很快她就在新公司站稳了脚跟，从一个毫无经验的新人成为优秀的销售人员。在工作中，她能够推陈出新，不断创新自己的营销方式，因此取得了骄人的业绩。2010年8月，李淑君拿到了工作后的第一个奖项，成为公司的"优秀员工"和"业绩月冠军"，工作岗位也从当初的一个普通商务顾问提升到了销售精英，然后提升到销售工程师。这时的李淑君对自己的工作充满了自信，对公司的美好前景充满期待！

◆借鉴李淑君的经验，我们该如何制定自己的职业发展措施呢？

制定发展措施是职业生涯发展的第一步。"万事开头难"，要实现你的职业目标，首先需要你制订出具体、详细并且适合自己的计划和措施，这样才能开个好头。因此，我们要把实现近期目标的具体计划作为切入点，尽快进入"准职业者"的角色，充分利用在校时光，通过实实在在的努力，为实现自己的职业生涯阶段目标及发展目标奠定基础。

【规划诊断】

我的人生，我掌握
——立志做高级物流师

（一）学生时期目标

1. 职高时期

年龄	目　标	实现方式	步　骤
16岁	考取计算机一级等级证书	学校报考	（1）报考。 （2）上好每节计算机课，认真参加计算机培训。 （3）强化计算机操作训练。
17岁	（1）获取英语一级证书。 （2）考取跟单员证。 （3）考取获取物流员证书。	学校报考	（1）上好每一节英语课，课后不懂的要主动问老师。 （2）上好每一节物流课，认真做好物流的实训题。 （3）强化物流的动手能力。
18岁	全力以赴考到自己的理想大学	（1）上好每一节课，做好每一份练习。 （2）积极探讨各学科的学习方法，找到一种最适合自己学习的方法。 （3）制订3年升大计划，坚持完成每一天的计划。	（1）制定各学科学习目标。 （2）坚持强化英语训练，每天听半小时录音。 （3）按计划完成每天的学习任务。 （4）多看课外书，加强写作能力。 （5）不断调整和优化学习方法。 （6）做到劳逸结合，保证身体健康。 （7）学会自己为自己减压，调节好心理，提高学习效率。

2. 大学时期

阶 段	年 龄	规 划
进入理想 大学之后	19 岁	(1) 积极参加大学各种有益的社团活动，提升自己的综合素质，为今后的会计工作打好基础。 (2) 有意识地加强经济贸易、会计操作、商业管理等方面的学习。 (3) 尽快融入大学生活。 (4) 参加大学里的学生会竞选。 (5) 争取成为党员。 (6) 继续参加义工活动。 (7) 建立良好的人际关系。
	20 岁	(1) 拿到英语二、三、四级的等级证书。 (2) 到中小型企业中打工，便于认识更多的成功人士，积累工作经验。 (3) 拿到商业管理、物流方面的资格证书。 (4) 加强外语学习，增长自己的外语技能。
	21 岁	(1) 在大学里顺利拿到毕业证书。 (2) 制订详细工作计划。 (3) 利用人际关系网络为毕业后从事会计工作铺好路。

（二）毕业后的职业生涯设计

年 龄	具体目标	行 动
21～25 岁	(1) 谋求一份有关物流的工作，将其作为实训，提高自身的实操能力。 (2) 争取用 4 年的时间在物流行业打好基础。 (3) 由一般的职员成为公司的中层干部，目标为做一名出色的物流师。	(1) 到物流企业或有关物流的企业应聘。 (2) 在公司里做到虚心好学，与同事、上司建立良好的人际关系。 (3) 向有经验的前辈学习，然后在工作中总结经验、提升自己，寻找一种适合自己的做物流的方法。 (4) 学以致用，利用自己在职高、大学所学到的知识，把工作做好。

续上表

年　龄	具体目标	行　动
25～30 岁	用 3 年时间争取将会计工作向多元化、市场化发展。提升自己的会计能力和实际操作能力。遵守一名物流人员应遵守的准则。	(1) 争取在工作中有优异的表现。 (2) 由一般的物流职员向管理者努力，探索现代管理模式。 (3) 不断地进修自己，根据当时的社会需要不断地提高自己的物流技巧。
30～35 岁	再用 3～5 年的时间争取成为一名高级物流师。	(1) 为了进一步提升自己，还要进修商业管理方面的知识，拿到商业管理的本科文凭。 (2) 积累各方经验，成为公司的物流强者。 (3) 当好管理者，用业绩来证明自己的价值：①要做事细心，有拼劲，有责任心，保持与同事之间的良好人际关系；②要知人善任（招聘员工时要自己亲自挑选）。 (4) 不断提高自己的信誉度，在行业中做到最好。
35～40 岁	用 5～10 年的时间成立属于自己的物流公司。	(1) 建立自己的公司。 (2) 开创物流业务。 (3) 用现代的最新的管理理念来打造公司的品牌。 (4) 吸纳更多优秀的物流人员。
40 岁之后	拓展物流事业，建立有一定规模的物流公司。目标是建立多个分公司，为中国的物流事业尽一份力，同时也可以解决一部分人的就业问题。	(1) 在总结经验的基础上扩大自己的事业，拓展物流在各方面的使用。 (2) 扩大企业投资，经营好公司。 (3) 做公益事业回报社会，如捐款给孤儿院、建立学校。若再有能力的话，就建立公益基金，帮助需要帮助的人，资助需要资助的人。争取实现"个人财富取之社会，回报社会"的人生信念。

◆你认为她制定的措施具体可行吗？我们该如何制定发展措施呢？

实现职业目标，需要定好落实计划的措施，并意志坚定地执行。制定发展措施的三要素是：方法、标准、时间；制定措施的要领是：具体性、可行性、针对性；制定措施的思路有：明确"近细远粗"的思路、针对"三个方面"的思路、找准"弥补差距"的思路。

【规划宝典】

在确定了职业生涯发展的目标后，行动便成了关键的环节。这里所指的行动，是指落实生涯发展目标的具体措施，可分解为短期目标、中期目标和长远目标，时间一般以3~5年为一个规划段落。

短期目标内容包括专业学习（学历证书、技能水平、职业能力）、社会实践（实习实训、课外活动、兼职、暑期工以及志愿者活动）、社会能力（人际交往、心理素质、职业价值观）；中期目标内容包括职场适应、"三脉"积累（知脉、人脉、钱脉）、岗位转换及升迁；长远目标内容包括事业发展、工作、生活、健康、心灵成长等方面的措施。例如：你计划在哪个阶段学习哪些知识？掌握哪些技能？开发哪些潜力？获取哪些资格证书？你将采取怎样的措施？计划用多长时间达到目标？等等。

制定的措施应该是符合自身实际和社会发展趋势的、科学严谨的、具体明确的、可行性强的，这样才能落实到具体的行动中，才能一步一个脚印，更快、更好地获得职业生涯的成功。

【规划体验】

1. 自我定位

目　　标	标　准	开始时间	完成时间	步　骤
短期目标				
中期目标				
长远目标				

2. 明确方向

	层次	获取方式	完成时间	现有条件	欠缺条件	具体措施
学历						
技能						
考证						
其他能力						

3. 具体规划

时间期限		目 标	方 法	标 准
时间进度	在校期间			
	毕业后			

【职业动态】

文员：一般指从事文件处理工作的人员。有许多公司从薪金上划分员工、文员、职员的级别，有些公司对文员的要求很高，也赋予一些权力，它有可能是踏入管理阶层的第一步。在不同的公司，文员一职所做的工作都有所不同，主要分为：行政文员、人事文员、文案文员、档案文员、销售文员。

(百度百科)

李月明，陈村职业技术学校2005届机电专业毕业生。在校期间她担任班级副班长，学习成绩在班上名列前茅，曾获得镇优秀班干部、校十佳标兵。连年荣获校三好学生、优秀班干部等光荣称号。她还取得了CAD绘图中级证、计算机操作中级证、英语一级证、数控车床操作中级证、会计电算化初级证等资格证书。2006年她报读顺德职业技术学院成人教育大专课程。

2005年她踏入社会工作，在佛山市顺德区城市管理行政执法局陈村分局任职文员。为做好文员工作,她坚持严格要求自己,注重以身作则,讲奉献、树正气,以诚待人,树一流形象。在做好本职工作外,她也十分重视学习业务知识,利用在办公室传阅学习资料或为办公室同事校稿的机会,细心学习他人长处,改掉自己的不足,并虚心向领导、同事请教,在不断学习和探索的过程中,她在文字材料上的处理能力有所提高。同时她还积极学习有关经济、政治、科技、法律等最新知识,努力做到融会贯通、联系实际。在实际工作中,她把政治理论知识、业务知识和其他新鲜知识结合起来,开阔视野,拓宽思路,丰富自己,努力适应新形势、新任务对本职工作的要求。除了完成好自身工作外,她还协助分局团支部书记开展各项活动,为分局创建佛山市青年文明号而努力。她曾多次参加镇团委组织的慈善义卖活动、募捐活动,并于 2006 年荣获陈村镇优秀团员称号。

专题8 职业生涯规划的评估与调整

职业发展并非是一成不变的。职业生涯规划是一个动态的过程，必须根据实施的结果以及环境变化进行及时的评估与修正。我们的职业人生就是在不断的评估与调整的过程中，找到最适合自己的职业发展道路。

【规划达人】

我的 IT 梦——成为一家网络公司总裁

1. 我的奋斗历程

第一步：在职中的三年时间里，我将努力学习网页设计，主要学 Dreamweaver 这款软件。

第二步：深入学习网页设计技术，我要学得精。

第三步：打算下午放学以后，用手机上网查看一些关于网页设计的新闻或资料，了解市场行情等。

第四步：放暑假的时候我会上网看看别人的网站是怎样做的，看他们是怎么发展起来的。

第五步：毕业前，我想拿到一些和网页设计有关的证书，这样我的技术也会提高不少。

2. 毕业十年规划

第一步：从学校毕业出来实习的时候，我会努力积累经验，先学习网站的运作，明确以后该怎么做。实习结束后准备集资创建一个网站，而且我会先推广我自己的网站，赚钱以后，就请工人，慢慢把我的网站发展起来。

第二步：做好网络系统管理。网络系统管理是公司发展的前提，也是重中之重，没有好的管理，网络系统随时都会面临瘫痪状态。例如：等知道我网站的人越来越多时，我网站的浏览量就会越来越高，而广告费就会越来越多。这时可能会有人嫉妒我赚钱多，而去请黑客来攻击我的网站，并且有些人在攻击完我的网站以后，会放木马进去，这样会对我的网站造成致命的打击，导致我的网站瘫痪。网友上不了我的网站的话，流量就会下降，我的网站信誉度也会下降，严重的话，还会导致网站亏本，这就需要用技术去攻克。

3. 公司的发展

最主要的是提高网站人气，应从以下两方面考虑：

（1）如何让用户知道并访问我的网站。

（2）如何让用户回访并依赖我的网站。

第一，口碑。这是最好的方法。我会让一个用户告诉另一个用户说我的网站好。

第二，搜索引擎。通过我们对多个网站的综合统计，搜索引擎通常是网站来源的重要部分，大约占70%~80%，所以对搜索引擎的关键字进行研究是必要的。

第三，其他。如E-mail、QQ、论坛、功能代码外嵌等方式都可以达到推广的目的。

如果以上的都能做到的话，那么我的网站就能成功，利润也会越来越多，因为网站靠的就是人气！

4. 行动管理规划

现在	认真上好每一节课，学好网页设计。主要学的是Dreamweaver这款软件，而且我还要学得精。放假的时间，我会用手机上网查看一些关于网页设计的新闻或者资料。

续上表

毕业后	实习的时候要认真工作，而且要得到老板的认同，要积极一点，然后凑够钱，准备建立一个网站。
毕业后十年内	先用资本办一个中型公司，然后不断推广我的网站。例如：找其他有宣传性的公司来帮我卖广告，而且可以使用最常用的搜索优化软件来帮我们优化网站，使本网站可以更容易地被搜到。
毕业后二十年内	开发一些旗下的产品，如一些网络游戏、搜索引擎等，并对其他企业进行投资。工人有 30 名，年利润达到 20 万元。
毕业后四十年内	成立网络游戏设计公司，并开创软件制作、网页制作等计算机行业的其他领域。

不过，光说是没有用的，要的是实际行动，而我早已经开始起步！

我的网站主页是：www.xp088.com

在 2011 年 4 月 17 日，我在主机屋里面开了一个虚拟服务器，然后我用自己在学校学到的技术开了一个软件站（提供软件下载服务），并且使它在百度和搜搜上市。放寒假的时候，我又自学了网页 SEO 排名优化技术，并且将其应用到实践当中。所以，我网站的排名也不断上升（注：百度 & 搜搜关键字）。

我的网站从一开始的第 10 页排到现在的第 2 页，而且日 IP 访问量也逐渐上升，从开始的日 IP 20 到现在的日 IP 600，这说明了回头客不断增多。只要我继续努力，我的网站被插入广告的日子也会很快来临！然后我就可以继续下一步——建立网络公司了。

◆初步制定了个人的职业生涯规划后，我们该如何进行评估与调整呢？

计划赶不上变化，影响职业生涯规划的因素很多，有的变化因素是可以预测的，而有的变化因素难以预测。要使职业生涯规划行之有效，就需要不断地对职业生涯规划进行调整，以适应环境的改变。我们在对自己的职业规划进行评估与调整时要做到"七问"：

（1）自己喜欢的工作到底是什么？

（2）自己的专长到底是什么？

（3）现在工作对自己的重要性？

（4）有哪些工作机会可供选择？

（5）我将要怎么做？

（6）我的下一个工作将要做什么？

（7）现在我做的工作将为我的下一个工作提供哪些条件？

只要我们正视就业现实，及时进行自我条件的重新剖析和发展机会的重新评估，看到自己的优势，明确自身差距，及时调整目标，修订发展措施，就能在新的发展目标的激励下，取得职业生涯的成功。

下编　获奖设计

职业生涯规划，开启梦想人生。摆放在我们面前的这些设计，均在教育部组织的全国文明风采职业生涯规划设计比赛中获得了一、二等奖的优异成绩，是来自全国各地不同学校不同专业的优秀学生的杰作。它凝聚了这些同学对自己未来职业规划的思索，是他们内心深处理想之花的一次集体绽放，是他们走向成功之路的一次畅想，也是以文字书写豪情壮志的一次群舞。从我们收集的作品中，可以看到他们的职业发展方向各异。有人选择创业，要开设电子商务鲜花网店；有人选择管理类，要成为外贸公司的总监；有人选择技术类，要成为一名优秀的建筑设计师；有人选择业务类，要成为一名出色的外语导游。每一篇无不折射出他们对职业理想的孜孜追求，无不传递出他们已经做好了充足的准备，他们现在就要用行动来创造属于自己的一片天地。考虑到有些同学在撰写职业生涯规划时比较茫然，打不开思路，特汇编此书，目的是开拓同学们的视野，并以此作为借鉴参考，与各地的同龄人交流学习。希望同学们能设计出自己的有个性、有特色的规划，为自己的人生播下梦想的种子，同时也期待同学们结出梦想成真的硕果。让我们用规划连接理想和现实，让我们用行动从现在走向未来，让我们一起做梦，一起圆梦吧！

毛毛虫 大梦想

——陈诗涵

惠州商贸旅游高级职业技术学校　财务会计专业　指导老师：李美春

1.

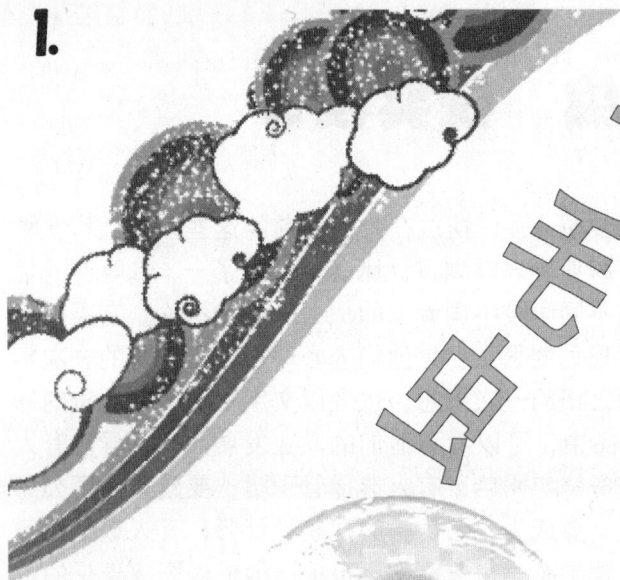

毛毛虫

大梦想！

开设全国品牌精品连锁店

指导老师：李美春

作者：陈诗涵

www.enemall.co.kr

惠州商贸旅游高级职业技术学校

前 言

不少人都曾经这样问过自己："人生之路到底该如何去走？"记得一位哲人这样说过："走好每一步，这就是你的人生。"是啊，人生之路说长也长，因为它是你一生意义的诠释；人生之路说短也短，因为你生活过的每一天都是你的人生。每个人都在设计自己的人生，都在实现自己的梦想。在今天这个人才竞争激烈的时代，如果不进行有效的规划，势必会造成生命和时间的浪费。

作为当代中职生，若是带着一脸茫然踏入这个拥挤的社会，怎能满足社会的需要，使自己占有一席之地？俗话说，欲行千里，先立其志。如果漫无目的地乱走一遭，岂不贻误时机，浪费年华？因此，我试着为自己拟订一份自己的职业生涯规划。

毛毛虫虽然爬得慢，爬不远，但最终还是能化成蝴蝶，实现梦想，找到属于自己的人生。

自我评估

自我盘点

优势：学习成绩良好，担任班干部，班级群众基础好，深得父母、亲人、班主任、任课老师关爱。做事仔细认真，锲而不舍。为人踏实，勤于思考，考虑问题全面。动手能力强，学任何东西，只要认真了，很快就能上手。

劣势：平日里总有些懈怠、懒散，信念不坚定。对事物总持怀疑的态度，对需要花很长时间才能完成的任务缺少耐心，斗志不足，容易松懈，甚至丧失信心。情绪不稳定时，看待事物很难有稳定平和的心态。容易发脾气，会影响身边的人。

转变自我盘点中的劣势：

克服缺点，战胜自我。宁可挺直身体，绝不弯下腰来！充分利用一直关心和支持我的庞大亲友团的优势，真心向同学、老师、朋友请教，及时指出自身存在的各种不足并制订相应的计划来加以改正。

加强锻炼，增强体质，提高体育成绩，以弥补身高不足带来的负面影响。积极争取机会，参加校内外的各项勤工助学活动，以解决短期内的生活费问题并增强自身的社会工作阅历，为以后创造更多的精神财富和物质财富打下坚实基础。

职业机会评估

精品，一般为女生所爱。女生喜欢各式各样的可爱的装扮品，而男生也会给自己的女朋友买一些可爱的动物文具袋、包包、手机挂件、小饰品、小发夹等。女生通常是去看头花、帽子、包包还有围巾、手套之类的装扮品，而男生有时也会去看一下钱包或者给女生买玩具熊之类的礼物。

无论做哪一行，都要先了解该行业的发展情况，要有信心做行业领头羊，这样才能成功。我们要先交学费把经验学到手，不是老板帮你交，就是自己交。创业是艰苦的，但先苦后甜！坐下来好好想一想，拿张纸，拿支笔，结合环境，为自己做一个详细的计划。计划要具体说明怎么做（详细到开店要买一支记账的笔等）。然后定一个明确的目标，接着就坚持做。三百六十行，行行出状元。竞争是激烈的，市场也是很大的。只要相信自己能做到最好，就一定会成功。

精品店一般都是比较吸引女性的，尤其是女学生，如果店里有多元化的商品就能吸引更多的男性和女性消费者。精品店通常开在人流量大的地方，如商业街、学校旁边，所以消费者多是年轻男女。

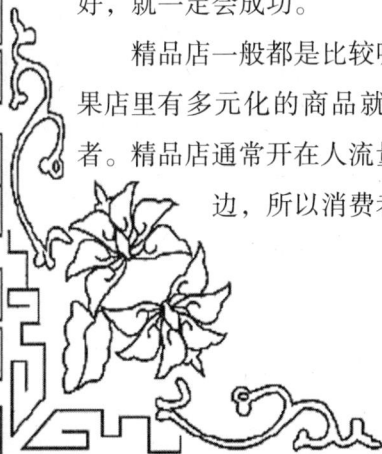

环境评估

我就读于惠州商贸旅游高级职业技术学校。学校临近静谧的木墩湖，这里绿草如茵，学子莘莘，是全国首批国家重点中专学校。她有技能过硬的师资团队，有场地最大、设备最完善的实训基地。她是全国十强中职学校的前三名。在这龙的栖息地，我必将腾云驾雾。

大城市的主要商业街上都密布着精品店。如此之多的精品店必定使得精品不"精"，无法保证质量，因此，选精品还是要靠眼光。精品能吸引众多消费者的目光，如日化用品、娃娃、帽子、大头贴等。

我出生于书香门第，自幼爱读书。因此我有着坚强的意志、顽强的精神，对大千世界充满好奇。我的家庭生活水平属于小康，这为我创造了优越的学习条件，使我对自己的职业生涯充满了信心。

成长阶梯

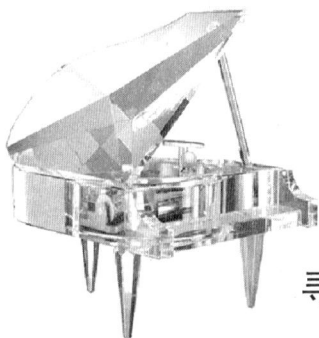

幼虫期间

（1）了解精品方面的动向。

（2）考取助理经营师证书。

（3）考取所学专业应考的证书。

寻觅食物

（1）进入精品店实习，从事服务员职业。

（2）从实习工作中了解精品店的管理和运作。

化蛹阶段

（1）参加高级培训，并取得毕业证书。

（2）研发自己的品牌。

（3）进修管理学知识。

化蝶飞翔

开设全国品牌精品连锁店。

梦想旅程

幼虫期间（2009—2012 年）

在校期间学习管理知识，学好自己所学专业，便于以后开精品店时更好地理财。

在校期间了解自己周边的亲朋好友喜欢什么样的精品、喜欢去哪里逛街、喜欢什么时候去逛。

常常到精品店了解那些服务员是如何推销自己的产品的，而且要总结经验，锻炼口才，学会推销，所有事情都以主客观两方面来看待，提高自己的审美观。

寻觅食物（2012—2020 年）

进入精品店实习，积累重要的经验，并从中了解精品店的经营模式：

1. 身心准备

首先，创业是非常辛苦的，充满着各种风险，我必须具有良好的身体素质，才能够从容面对创业初期各项繁重的、琐碎的事物。

其次，心理要健康。许多人在创业之初，总是在想自己要赚多少钱，很少有人会去考虑自己能够承受多少亏损，一旦出现挫折和亏损，往往会手足无措、心灰意冷。因此，我必须学会面对可能会出现的暂时挫折和亏损。成功创业者的经验是：这世界上根本没有失败，所谓的失败往往对事业的放弃。

2. 资金准备

创业对资金的要求并不高，但是没有资金，创业往往仅仅是一个想法而已，因此创业者必须懂得如何去筹集资金、管理资金、合理使用资金，让有限的资金最大限度地发挥作用，正所谓花小钱办大事。

3. 调查选址

门面的选择是非常重要的，其至有人认为：找到一个好的门面，相当于成功了80%，虽然说得未必精确，但是事实却是：没有一个好的门面，经营起来就非常困难，需要付出更大的努力。

化蛹阶段（2020—2028年）

1. 选择伙伴

商业伙伴有两类：生意合伙人、服务供应商。

A. 生意合伙人

创业者没有必要承担所有的经营风险，因此比较好的方法就是找到一个或者多个合伙人，构建一个经营团队，这样做的好处在于首先可以解决资金问题，同时大家还可以共同分担工作和困难，成功的机率相对于独立经营要大得多。但是这里面有一个很重要的问题就是务必要将产权、利益分配等问题说明清楚，否则，日后会出现很多难以调解的矛盾。

B. 服务供应商

作为一个独立的精品店，对服务供应商要求很高，大致有如下要求：

（1）保持商品的更新速度：因为时尚精品行业是一个淘汰率极高的行业，"流行即淘汰"，因此要

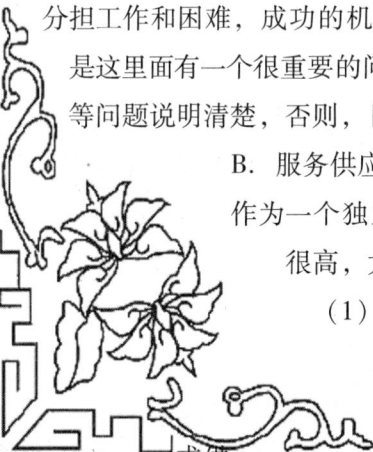

求供

应商用最快的速度将时尚的商品送到门店，及时出现在消费者面前。一个优秀的供应商往往具备自主设计开发能力，同时还应具备电子商务的能力，因为互联网提供了前所未有的信息交换和沟通速度，互联网的这一特征恰恰是符合时尚精品行业要求的。

（2）提供完善的售后服务：一个供应商并不是将商品销售给门店就完成了它的使命，还应该为门店提供后续的服务支持，包括商品摆放、销售策略指导、员工培训等一系列服务。正是由于这些服务支持，才能够把门店的经营业绩提升上去，实现多方共赢的局面。

（3）财务明晰：商品价格合理、财务往来账目明晰是对一个优秀供应商的基本要求。如果一个供应商的商品价格虚高，牟取暴利；最基本的往来账目不清，那么，绝对不要与这样的供应商合作。

化蝶飞翔（2028—2035 年）

1. 健康心态

经过紧张的筹备工作，终于迎来了开张大喜的日子，但是对一个创业者而言，这只是漫漫长路走出的第一步。商业经营一定要有健康的心态，我们的祖先早就总结出一条经验："一分利养活一家人，十分利饿死人"，这是教育我们要用一颗平常心从容地面对利益的诱惑，不要幻想着去牟取暴利。从经济学上说，在整个经济活动中，并不存在着长久暴利的行业，暴利必然引发激烈的竞争，竞争的结果往往是微利，因此创业者只要坚持获取合理利润，必然可以获得持续的发展机会，绝对不要为了眼前的利益，出卖自己的未来！

2. 良好习惯

创业者一定要养成良好的经营习惯，经常思考当日损益，结算清楚当日收支，了解自己是否真正赚钱，利润如何。节约就是挣钱，浪费一张纸，就会增加成本，减少利润，也会使商品价格上涨。

3. 顾客为先

经常听到这句话：顾客是上帝。但是我们认为：如果能够将顾客作为兄弟就不错了，因为你根本没有能力把顾客当成上帝，还不如把顾客当成兄弟、当成自己的亲人。能否获得顾客的信赖和支持，是门店兴衰的关键。善于把顾客当作自家人，处处替顾客着想，才能使顾客产生好感，进而支持你。经营者一定要全面地了解顾客，掌握实际情况，要努力得到顾客的信任和夸赞。门店正如每个人独特的脸孔，因为信任那张脸、喜爱那张脸，才会去亲近、光临。对待顾客要心怀感恩，因为顾客是给你发工资的人，即使向顾客赠送一张纸片，顾客也是高兴的，如果没有赠品，就赠送"笑容"。只花 1 元的顾客，比花 100 元的顾客，可能会对生意兴隆更具有根本影响，常人往往殷勤接待大主顾，对小主顾不免怠慢。

化蝶飞向高空

在职业生涯中的高潮阶段，我将用一生心血来经营我努力积累的成果。我希望未来能在全国开设连锁精品专卖店，为人生的梦想添上亮丽的一笔。要实现我的梦想，首先必须在我的经营范围内做市场调查，了解经营地区消费者的想法。其次，开连锁精品专卖店必须做到最好，我构想的精品专卖店的风格是现代化的。店面的装修不能马虎，要简约、精致、上档次。再次，对员工进行培训。我希望我的员工具有得体的形象、敏锐的观察力、灵活的判断力、准确的反应能力、较出色的语言表达能力，具备一定的财务知识。另外，我要多与外界交流，多带员工参加交流会，学习知识，一方面培训了员工，另一方面也为精品专卖店带来利益，可谓是双赢策略。人的知识是会跟随人的一生的，自己的水平也应该得到提升，因此需要多看书，特别是营销方面的书。

连锁精品店三步走

第一步：寻找目标。这里所说的目标在营销上便是通常所指的市场定位，此定位得根据市场本身的特点及实际情况来做出准确的判断。消费群体的消费能力大致在什么范围，都要做详细的调查分析，如在中档消费区域，就不必过多地顾及高端和低端消费群体，但可以保留低端和中高消费群体的消费定位。

第二步：吸引眼球。这一步可以说是最讲究方式和方法的。不但要体现个性化，还要体现差异化，同时还要借助事件，甚至策划事件来达到吸引眼球的目的。

第三步：整合资源。除产品本身品质以外，在经营过程中还得借助其他一切可以利用的资源，总之，要让消费者能够接触到你的产品，并感受到产品的优点、特点。

我 想 说

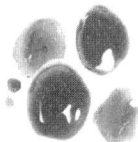

计划定好固然好，但更重要的，在于具体实施并取得成效。这一点时刻都不能忘记。任何目标，只说不做到头来都只会是一场空。然而，现实是未知多变的。制订的目标计划随时都可能受到各方面因素的影响。这一点，每个人都应该有充分的心理准备。

因此，在遇到突发因素、不良影响时，要注意保持头脑清醒冷静，不仅要及时面对、分析所遇到的问题，更应快速果断地拿出应对方案，对所发生的事情，能挽救的尽量挽救，不能挽救的要积极采取措施，争取做出最佳补救。如此一来，即使将来的作为与目标有所偏差，相信也不至于相距太远。

超越梦想 打造未来

————罗亚萍

浙江信息工程学校　工用民用建筑专业　指导老师：钱国妹

2.

超越梦想，打造未来

——成为一名优秀的建筑设计师

让我的梦想变得更加真实！

美丽的生态城市，深厚的文化底蕴，

南浔的百间楼，让多少人流连止步；

　　这就是我的家乡——美丽的水乡古镇。小桥流水，粉墙黛瓦，让我从小就对建筑着迷。游人都说家乡的风景如诗如画，生活在这样的地方，我也有着如诗如画的设计梦想！

学校：浙江信息工程学校
专业：工用民用建筑
作者：罗亚萍
指导老师：钱国妹

自我介绍

姓名：罗亚萍　生肖：狗

性格：开朗活泼，热情大方，爱幻想

兴趣：画画、茶艺、旅游

手机：18767236536

学校：浙江信息工程学校

指导老师简介

指导老师：钱国妹

职务：班主任

　　　　心理健康辅导老师

　　　　创新创业任课老师

　　　　旅游专业讲师

学位：浙江大学教育管理硕士

荣誉：优秀德育导师、优秀实习管理者

　　　在市、省级各项比赛中多次获奖

性格：活泼开朗，善解人意，兴趣广泛

　　　这就是我们的班主任，她工作敬业，办事果断，令我深深敬佩；她的茶艺，让我深深喜欢上这种文雅的专业技能；和她在一起的日子，我总觉得自己有学不完的东西。我相信，在她的带领下，我们会一步步接近自己的梦想。

1.职业生涯规划认知

我的职业设想：我的目标是成为一名建筑设计工作者，理想是能成为一名建筑设计师。

我的现状：目前是就读于浙江信息工程学校公用民用建筑专业的高二学生，专业制3+2。

我的启蒙老师：奶奶一直忙碌的身影，让我懂得了合理的计划是迈向成功的第一步的道理。

我对职业规划的认识

我的规划理由：认识自我，完善自我。进行职业定位，合理规划未来。实现自我价值，创造美好人生。

我已有的成绩：已达到职业素养初级A等，已取得中级防线工证，担任班宣传、文艺委员和校咨询员。

积极参加学校组织安排的课外活动和担任志愿者，不仅丰富了我的课外生活而且还为学校和社会贡献出了自己的一份力量。

2. 职业生涯规划准备

2.1 自我分析——知人者智，自知者明

2.1.1 自我认识

我的个性特点：性格开朗、乐观，善于交往。但有时喜欢独处。 → 良好的人际关系能为实现我的梦想打下坚实的基础；喜欢独处则有助于我思考，有助于我冷静处事。

我的兴趣爱好：画画、茶艺、旅游 → 我喜欢具有文化底蕴的建筑，这一兴趣开阔了我的眼界；同时我很喜欢排版、画画，这些爱好为我的建筑设计梦想插上了翅膀。

我的能力优势：做事冷静，有条理，追求完美。 → 我觉得我这种坚持不懈的精神会让我不断朝目标前进。

我的人生愿景：成为一名优秀的建筑设计师。

你是一位文静、开朗的女孩。平时喜欢写写画画，做事有主见，独立能力强。你的黑板报、手抄报，还有你的茶艺表演都让人很欣赏。这些都是你的优势，一定要扬长避短，挖掘潜力。

师友寄语

2.1.2 职向测评

在班主任的指导下，我进行了"霍兰德职业倾向测验量表"的测试。这个测试能帮助我们发现和确定自己的职业兴趣及能力特长，从而更好地做出求职择业的决策。

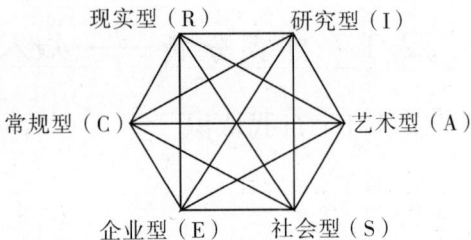

现实型（R）　研究型（I）

常规型（C）　艺术型（A）

企业型（E）　社会型（S）

我的测评结果如下：

类型	R 型 现实型	A 型 艺术型	I 型 研究型	S 型 社会型	E 型 企业型	C 型 常规型
分值	16	17	16	15	14	15

职业倾向从高到低：A－R－I

职业价值观：最看重——工作稳定有保障；最不看重——有较高的社会地位

最后得出我最适合的职业：建筑设计员、城市规划家

我的测试体会：

我想这个测试结果并不一定完全正确，但我从小就喜欢在自己房间摆放东西，喜欢自己摆弄各种物件，喜欢看各式各样的建筑物，喜欢听各种传说故事，喜欢画画，梦想着有一天自己能设计出完美的建筑物。所以这个测试更加坚定了我的专业选择和职业梦想。

江南水乡，美丽古镇，双林三桥，浓郁的桥文化，这就是水乡的美，这就是建筑的魅力！

2.2 环境分析——橘生淮南则为橘，生于淮北则为枳

2.2.1 家庭与学校环境

我感谢我的父母，是他们给了我生命，是他们给了我现在拥有的一切，是他们教会我怎么做人，也是他们指引我怎么前进。

虽然我的家庭是离异家庭，但我并不缺少呵护，家庭依然是我的港湾。我父亲是个休经营户，一路自己创业，生活的艰辛让我看到幸福生活的来之不易。父母教会我如何做人、如何做事，在绘画方面他们鼓励我、支持我要有自己的特色并坚持不懈地努力下去。

我所在的浙江信息工程学校是一所国家级重点中等职业学校。学校的 6S 管理和职业素养，让我们一个个成为"绅士"或"淑女"。我喜欢整洁干净的校园，更喜欢其文化气息浓厚的氛围。学校的一草一木、一桥一亭都含义深刻，星光大道、文化长廊、水车、日晷这些都让我更坚定我的设计梦想。

建筑专业一直是我校的一个骨干和重点专业。学校非常重视专业建设，建筑专业不仅有知识和技能兼备的师资队伍，还有齐全的设施设备。学校不仅有建筑材料实验室、钢筋加工下料实训室、砌筑实训室、管道安装实训室、墙体粉刷实训室，同时还设置了建筑装潢展示和房屋主体结构模板钢筋展示区。学生参加实验的出勤率明显提高，学生的动手能力也显著增强。

2.2.2 社会经济环境

山倚天目、水滨太湖，湖州以青山秀水述说着两千多年的温婉秀丽。生态城市、美丽乡村、特色产业、和谐民生，湖州以生态优势追求着经济社会的健康发展。在加快科学发展、构建和谐社会的道路上，湖州坚持生态优市的策略，努力建设"富饶、秀美、宜居、乐活"的现代化生态型滨湖大城市。这样的社会环境更加坚定了我绿色环保、时尚内涵的建筑设计

太湖明珠——喜来登

梦想，也正是生活在这样的环境中，才造就了我的性格，拓宽了我的设计想象。

东吴国际广场

近几年来，湖州房产经济发展平稳上升，尤其是湖州市城市建设力度的加大，更为建筑专业人才提供了展示才能的舞台。在2012年的重大民生项目中，大多重点涉及学校搬迁和新建，保障性住房建设、公园建设、中心城区老居住区改造等领域。此外，在今年的重大产业化项目中，也涉及现代农业、先进制造业和现代服务业等方面的项目。其中中国音画乡村——安吉（龙山）生态影视基地旅游区，今年将启动酒店、影视体验中心、影视拍摄基地等建设。总投资86亿元的三一重工吴兴工程机械制造基地工程今年有望部分投产。总建筑面积达6.5万平方米的湖州喜来登温泉度假酒店（太湖明珠）工程有望在今年竣工。而作为湖城的地标性建筑之一，东吴国际广场主楼主体今年也将结顶。

城市的发展离不开建设的完善，市场的火热离不开人才的需求。我相信，这样的发展前景会为我的设计梦想开创广阔的天地。

南太湖奥体公园

2.3 专业分析——闻道有先后，术业有专攻

2.3.1 专业就业前景

随着中国城市化的快速发展，全国各地都出现了景观建筑设计的热潮，景观建筑设计已经成为城镇建设的重要内容。因此，对设计师的需求也日益增多。中国在人居环境的建设和管理中，景观和建筑设计的需求不断扩大，未来五年我国建筑环境艺术设计人才需求将达 300 万，建筑环境艺术设计与房地产、大型城市建设等商业活动紧密结合，建筑环境艺术设计几乎渗透到社会的每个角落。

2.3.2 未来企业情况

我希望能进入浙江新中环建筑设计有限公司，该公司是具有甲级建筑设计资质、乙级市政公用设计资质、乙级勘察专业资质和甲级监理资质的独立法人企业。

该公司是湖州龙溪港 C 块、姚建萍刺绣艺术馆、湖州丰隆花园、白石港住宅、杭州三塘新城等建筑物的版权所有者。公司推崇人性化管理体制，追求"和谐环境、创新技术、追求完美"的设计理念，通过优化、调整、激励等措施，大大地提高了员工的工作热情和积极性，充分地挖掘和发挥了员工的聪明才智，使公司获得了多个"钱江杯"优质工程奖和全国人居"建筑环境双金奖"等综合大奖。

我喜欢这家公司的建筑风格，欣赏这家公司的经营理念，更羡慕这家公司为员工搭建的发展平台。我希望自己能成为其中一员。

2.3.3 专业岗位分析

我翻阅了一些教科书，并查阅了网上相关知识，明确了我们这个专业所需要的岗位能力。建筑业关键岗位有施工员、质检员、造价员、材料员、安全员。它们并称为建筑行业的"五大员"。但我的专长更偏向于建筑设计，设计师是我的最终目标。

建筑设计师

(1) 根据设计要求完成建筑风格、外形等总体设计；

(2) 提供各种建筑主体设计、外墙设计、景观设计等；

(3) 协助解决施工过程中的各种施工技术问题；

(4) 参与建筑规划和设计方案的审查以及建筑图纸的修改。

岗位职责

(1) 施工图纸审核优化和设计开发协调；

(2) 工程设计全过程管理和现场技术服务；

(3) 工程设计质量及进度协调控制工作；

(4) 按流程签署技术文件及变更洽商；

(5) 工程技术业务文件管理。

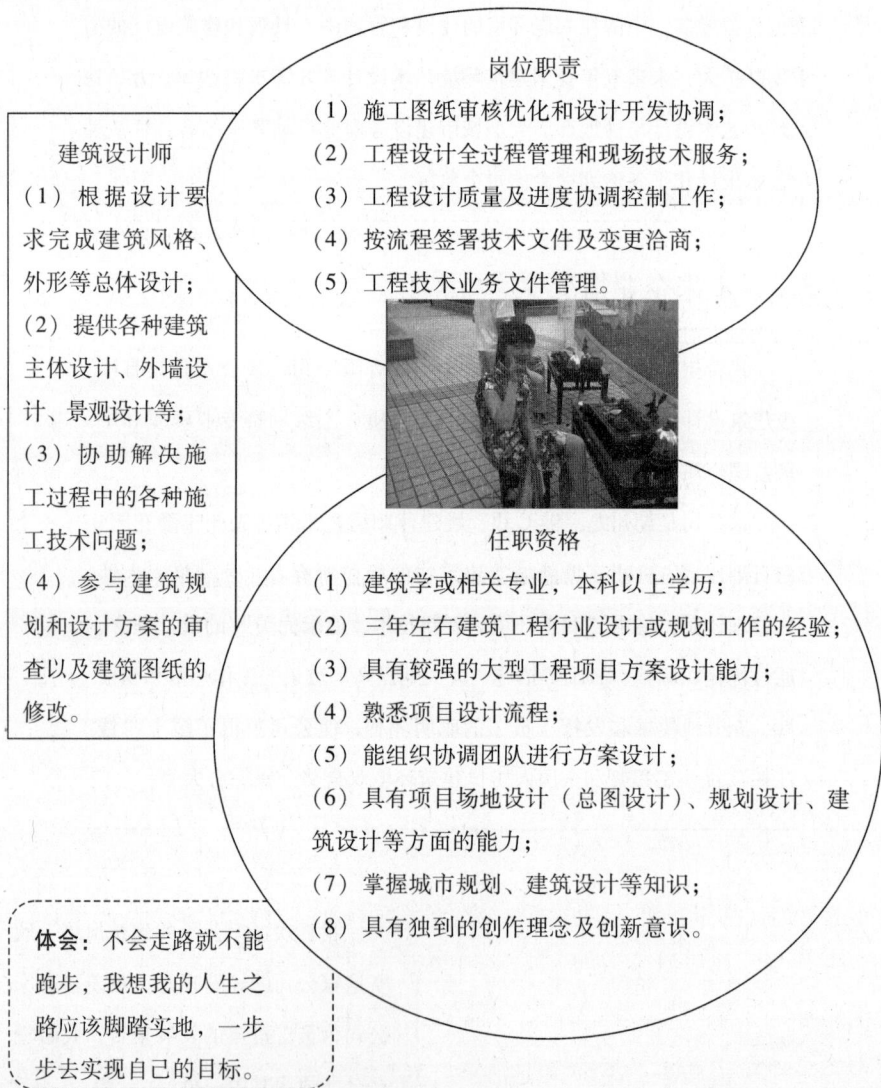

任职资格

(1) 建筑学或相关专业，本科以上学历；

(2) 三年左右建筑工程行业设计或规划工作的经验；

(3) 具有较强的大型工程项目方案设计能力；

(4) 熟悉项目设计流程；

(5) 能组织协调团队进行方案设计；

(6) 具有项目场地设计（总图设计）、规划设计、建筑设计等方面的能力；

(7) 掌握城市规划、建筑设计等知识；

(8) 具有独到的创作理念及创新意识。

体会：不会走路就不能跑步，我想我的人生之路应该脚踏实地，一步步去实现自己的目标。

2.4　专业分析——闻道有先后，术业有专攻

访谈时间：2011 年 8 月

访谈方式：电话

专业人士访谈

访谈人物：某建筑公司建筑设计师

访谈记录：

罗：您好，李经理，请问您在这个建筑公司工作多久了？

李：快十年了。

罗：您对现在的工作满意吗？

李：还不错，建筑行业，肯学肯干，应该有出息的。

罗：贵公司现在招工的要求是怎么样的？

李：现在要求高了，要能够独立完成项目设计，并能独立处理施工过程的问题。熟悉国家及地方关于建筑专业的各项设计规范、法规。熟练使用建筑节能计算、建筑设计软件，并能够使用通用办公软件。

罗：听说贵部门有我们这个学校工民建专业的学生，您觉得他们表现得怎么样？

李：总体还行，不过都不能吃苦，有点娇气。

罗：李经理，您个人认为我们这群学生应该在哪些方面再下苦工？

李：知识和技能就不说了，另外还要工作认真、细心严谨、敬业踏实，具有高度的责任感和安全意识，要努力学习。不过吃建筑这碗饭呢，还要注意学会做人，要懂交际。做事严谨，但不能死板。

罗：好的，谢谢您百忙中给我机会采访到您。

感　悟

在建筑专业人士的帮助下，我充分了解了自己专业的情况及其职业能力的要求。我觉得我们不仅要有丰富的知识，同时综合素质要高，要有吃苦耐劳的精神，要懂得尊重他人，要学会虚心学习，所以在校学习期间，我一定要努力学习专业知识，提高专业技能，提升自己各方面的素养，在与同学相处中，更要注意自己的言行举止，做生活的强者。

3. 职业生涯规划行动

计划名称：短期计划（三年中专期间）

时间跨度：2010 年 9 月至 2013 年 7 月

目标	策略和措施	理由
1. 打好坚实的文化知识基础	（1）努力学习文化课，第一学年通过会考。 （2）第一学期考取普通话证书。	文化基础坚实才能为学历的提升提供基础。
2. 掌握工业与民用建筑工程的基本知识，熟悉建筑施工图、结构施工图、建筑工程设备施工图等专业基本知识	（1）认真学好专业课。 （2）专业课考试拿到 B 等以上。	专业知识是我建筑设计梦想的一对翅膀，只有扎实学好专业知识，才能不断向目标前进。
3. 具有从事建筑施工、预算、质量、材料等专业基层技术技能	（1）积极主动参加建筑实训，上好每一堂专业实训课。 （2）利用第一学年、第二学年暑假到施工现场实践。 （3）在第二学年考取中级测量工证，在第三学年考取 CAD 证。	只有实践，才能把知识和技能变成自己的。
4. 具备基层组织能力和管理能力	（1）多与别人交流，广交朋友。 （2）协助班主任管理班级，提高自己的管理能力和组织能力。 （3）加入学生会，提高工作能力。	建筑作品不是一个人的独角戏，而是需要和多人共同努力完成的。
5. 取得职业素养高级 A 等	（1）平时严格遵守各项校纪校规，以学校 6S 标准严格要求自己。 （2）第一学年获得职业素养初级 A 等，第二学年获得中级 A 等，第三学年获得高级 A 等。	6S 规范有助于培养员工良好的工作习惯，其最终目的是提升人的品质。职业素养的提升有助于职业生涯的发展。
6. 参加各种学生社团，增加多方面知识，多看多学	（1）参加茶艺社团，提高修养内涵。 （2）参加各项小制作、小创作比赛，拓展思路，开阔视野。 （3）参加"驴友"社团，了解更多的美景和建筑，拓展思路。	激发设计创意，可以为以后的建筑设计提供灵感。
7. 成功通过学校第三年的选拔考，升入高职院校	每次考试成绩在班级里保持前十。	只有进入高职院校才能学到更多的知识，这是提升学历的必经之路。

2. **超越梦想，打造未来**
——成为一名优秀的建筑设计师

计划名称：中期计划（大专两年）

时间跨度：2013 年 9 月至 2015 年 7 月

目标	策略和措施	理由
1. 学业上 进一步深造，完成大专课程，为专升本学习做准备	（1）顺利通过大专各门课程。 （2）2015 年 7 月大专课程结束，考专升本。	学习是人之根本，只有学习才会让人感到充实。
2. 技能上 利用实践机会不断提高专业技能，熟悉建筑公司的运转，学会基层管理	（1）读书期间，认真学习，提升各方面能力。 （2）2015 年考取初级施工员证。 （3）争取进入浙江新中环建筑设计有限公司进行暑期实践。	（1）学历是建筑设计师的必要条件。 （2）熟悉向往的企业，了解企业的运转。
3. 专业拓展上 在建筑设计中不断创新，不断努力	（1）学习期间多看建筑杂志。 （2）利用各种机会跟着行业专家接项目，着手设计一些简单的作品。	（1）开阔视野，了解世界的建筑风格。 （2）小试牛刀，发现不足，不断充电。

学业上：

进一步深造，获得二级注册建筑师执业资格。

专业发展上：
- 在建筑设计中不断努力。
- 有了一定的资金和经验后，我会考虑创办属于自己的工作室。
- 在建筑设计风格上有自己的特色，同时充分推广我淳朴、节能的设计理念。

长期计划：就业五年。

时间跨度：2015年至2020年

工作上：
- 在企业努力工作。
- 尽快适应工作岗位。
- 争取在五年内有所发展。
- 利用实践机会不断提高专业技能，熟悉建筑公司运转，学会基层管理，并能独立接项目。

生活上：
拥有一个幸福的家庭，与家人分享我工作的快乐。

4. 职业生涯规划反思

评估调整——逝者如斯夫，不舍昼夜

1. 职业规划的不确定性

计划是美好的，但计划始终是计划，需要人付出努力才能使计划变成现实，使它不再是个梦想。变化既无范围又无规律，俗话说"计划赶不上变化"，社会不断进步，人的发展也存在很多不确定因素。为使规划行之有效，就必须在实践中不断对规划进行评估和调整。

2. 职业规划的评估和调整

根据自身实际情况，我一步一步制订此规划，但由于社会、家庭、学校等客观条件的变化，我想我的职业生涯也不可能像规划中那样按部就班、一帆风顺。所以我在规划中及时做出调整。

第一，我可能在中期目标中不能如愿取得建筑专业的本科文凭，但我不会轻易放弃，哪怕在工作中也要通过函授或自考的方式取得更高的文凭。

第二，学业结束后如果我能进入自己理想中的公司，那么我将选择小规模的建筑公司或装潢公司实习，积累实践经验，同时不断提高专业证书等级。

感言

在前进的道路中肯定有各种困难、挫折存在，但我会坚持不懈地走下去，根据实际情况进行调整，并始终坚持我的做事原则和设计理念。

第三，在长期目标中，如果我资金不够，或者创业压力太大，或者由于家庭或其他因素不能开办建筑设计的工作室，那我会选择在单位努力工作，争取晋升机会。

5. 职业生涯规划感悟

结束语

孤鸿天涯，志在苍穹，秋水长天共一色。

十年规划，步步为营，乘风破浪自有时。

当我完成这篇职业生涯规划的时候，上面这句诗正好能表达我的心声。此时的心情既轻松又复杂，轻松的是在老师的指导下，我在纸上完成了我的大半生规划，我很欣喜；复杂的是我不知道自己能否坚持这样的规划，走入这样有意义的职业生涯，实现我的设计梦想。不管怎样，我坚信我会坚持不懈地努力完成自己规划的道路。

人生规划对于人的一生来说至关重要。生命无法再来一次，一个人没有权力去选择自己的出身，没有权力去改变家庭的背景，但是命运是掌握在自己手中的，自己的生活是可以选择的，自己的人生剧本也是可以自己编写的。职业是跨越一个人一生的事业，规划职业其实也就是在规划自己的一生，认真规划，并努力实施，人生便会充实。只会说华丽的语言是没用的，只有实际行动起来才能取得成功。

组织得好的石头能成为建筑，组织得好的词汇能成为漂亮的文章，组织得好的想象能成为优美的诗篇，组织得好的事实能成为科学。

乐YO咖啡馆

——马情情

广东省轻工职业技术学校　食品生物工艺专业　指导老师：苏映柳

3. 乐YO咖啡馆
——回家乡开一家咖啡馆

姓名：马情情
学校：广东省轻工职业技术学校
专业：食品生物工艺
指导老师：苏映柳

前言

有人把人生比作一本书，但我更喜欢把人生比作一片海。书总是那么的平静，没有涟漪，更不会有风云变幻、惊涛骇浪。海，则不同，它是活的，是充满激情的，是有情感的。因为，海会喜，会怒，会哭，会忧郁。我喜欢海，正是因为它是如此的令人浮想联翩。

人生亦如此，令人笑，令人哭，令人喜，令人忧。在我还未步入中专的大门之前，我曾听到一位教授说过："**如果你不规划自己的人生，那人生将会把你规划掉。**"这句话令我印象颇深。规划，是行事前的三思。职业规划，是我的人生海洋中的灯塔，我需要它的指示。浩瀚的海需要每一滴水珠，精彩的人生需要每一步规划。路漫漫其修远兮，吾将上下而求索。**要想，要做，才是好汉。人生是海，总要掀起几次令人欢呼的浪潮。**

一、自我分析

我是一个客家妹子。在浓郁的客家文化熏陶下，我成为了一个开朗、乐观、勤劳、勇敢、善于与人相处的女生。我喜欢在空闲的时间看书、看电影，尤其喜欢看饮食方面的书籍。正因为这个爱好，我选择了食品生物工艺这个专业。现在我已经步入中专快一年了，在这一年里我参加了各种社团，并担任学生会副部长一职。这些课外活动的锻炼，很好地培养了我的组织管理能力。对于学习，我有自己独特的方法，因此，学习成绩在班上总能名列前茅。

1. 职业兴趣

为了进一步认清自己属于何种类型的社会人，并以此来初步确定个人未来数年内更适宜从事的工作岗位究竟是什么，我查找了多种测试工具，最终选择了"**霍兰德职业倾向测验量表**"，并对其中的相关内容进行了认真的测验，从而初步得出了自己的未来职业取向。以下为测验结果与分析：

因子	喜爱	擅长
R - 现实型	5	12
I - 研究型	4	7
A - 艺术型	2	5
S - 社会型	5	13
E - 管理型	7	15
C - 常规型	3	8

➡

评测结果：善于与人打交道，喜欢从大局着眼，做一些有计划的事情，喜欢分析、推理、测试。善于独立解决问题。易于合作，有洞察力，责任感强，重友谊，有说服力，领导能力强，社会适应能力强。

适合的职业有：服务员、推销员、行政组织工作、人力资源管理人员、食品化学方面的研究人员等。**这一结果说明了我选择食品生物工艺这个专业是正确的。**

2.职业能力

通过测试和评估，我的职业能力前三位为：一般学习能力、语言能力、算术能力。从而得知本人适合**销售、管理经营行业**，不适合艺术类、舞蹈类行业。

3.职业价值观

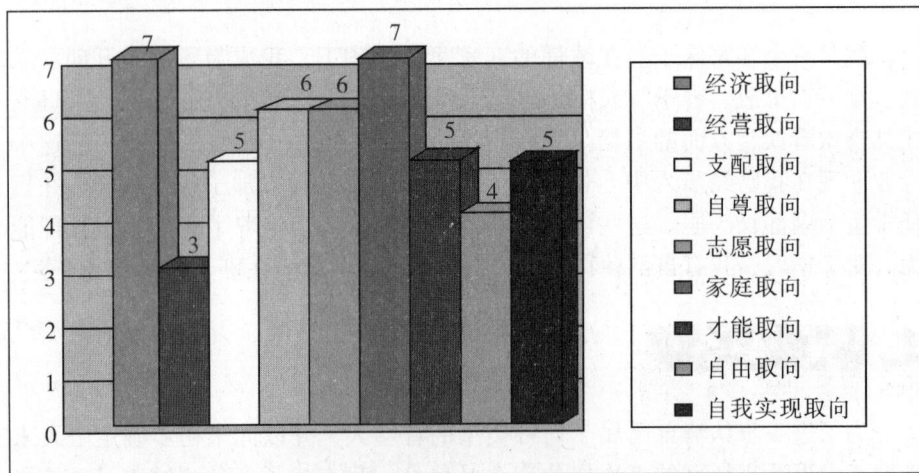

图例：
- ■ 经济取向
- ■ 经营取向
- □ 支配取向
- ■ 自尊取向
- ■ 志愿取向
- ■ 家庭取向
- ■ 才能取向
- ■ 自由取向
- ■ 自我实现取向

职业价值分析：从上表可见，我对职业的经济取向和家庭取向比较看重，这意味着我对以后从事职业的薪水要求比较高，对家庭生活比较关心。而回家乡创办咖啡馆，正符合我的职业价值取向。

4. 自我分析小结

综合以上职业兴趣、职业价值观、职业能力三方面的分析，可得出结论：我适合从事经营管理和文字信息方面的工作。通过霍兰德职业倾向测试和人格问卷评测报告证实我的选择是比较正确的。

二、职业分析

参考测评和专家建议以及通过自我认知等途径，我对影响职业选择的相关外部环境进行了较为系统的分析。

1. 成长环境

> 爸爸妈妈都经商，他们善于交际。从小他们就培养我积极思考、勤劳简朴、独立自主的习惯和品性，而且爸爸妈妈特别教育我，自己的事情自己做主。

⇩

> 爸爸妈妈的教导使我从小就热爱学习，勤于思考，遇到难题就会自觉寻找其本质然后解决问题。他们还教我在生活上养成独立的好习惯，这让我在工作和学习中比其他同学多了一份责任心。为此我一直能在学校、班级组织中担任各种职务。以上这些，都为我以后能成为经营管理者打下了基础。

2. 行业分析

中国是世界第一工厂大国，食品公司占据全国工厂的 79.52%。这是一个比较大的比例，证明食品生物工艺这个专业的就业面是比较广泛的。我的家乡——梅县，近年来发展文化旅游特色产业，GDP 不断增长。咖啡馆已逐渐成为人们休闲娱乐、交流的场所。但梅县的咖啡行业还属于"半调子"，只有为数不多的几家所谓的咖啡厅和冷饮厅，并无正规又有完善体系的咖啡馆，而且在嘉应大学附近很少有供给学生娱乐、休闲的场所。因此，我觉得此地有一定的市场。我设想的经营方式以咖啡和甜点为主，辅以饮料与果汁、借阅书籍等。经营的有利条件：我利用假期在舅舅开的酒家做过服务员工作（两个暑假）。懂得基本的服务规范和服务流程。2011年，我在一家咨询公司做过访问员的工作，从中知道了怎样与不同的人交流。正因为抓住了这些因素，更让我坚定了我的长远目标——回家乡开一家咖啡馆。以家乡的目前情况来说，这个长远目标是很有发展前景的。

职业分析小结：由上可见，学食品生物工艺可掌握食品的相关知识。在此基础上，自己具备创业的各种能力、素质和外部条件，使创办咖啡馆成为可能。

三、职业定位

理想指时针

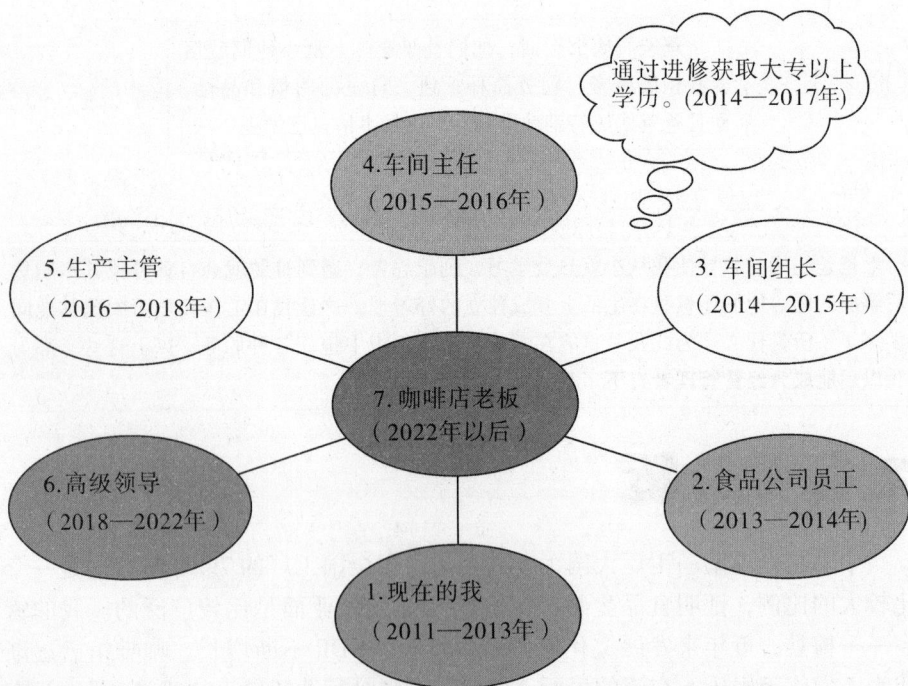

通过进修获取大专以上学历。(2014—2017年)

4.车间主任（2015—2016年）

5.生产主管（2016—2018年）

3.车间组长（2014—2015年）

7.咖啡店老板（2022年以后）

6.高级领导（2018—2022年）

2.食品公司员工（2013—2014年）

1.现在的我（2011—2013年）

四、计划实施

在人生的舞台上，我扮演了多个角色。而就我的职业生涯而言，具体有三个不同的进程，也有三个不同的角色。

1. 短期目标（2011— 2014年）——"问路者"

在前期的规划中，我首先扮演的是一名"问路者"的角色。因为在没有投身于社会实践之前，最重要的是理论知识，因此学好食品生物工艺这一专业知识很重要。打好扎实的基础，这也是为将来的社会实践做好充分的理论准备。而这一阶段恰好是一个积累经验、可塑性很强的时期，所以称之为"问路阶段"。

具体计划实施：

（1）为了提高自己的学习效率，尽早达到自己的短期目标，从现在开始我就应提高自己学习的积极性，通过动手实践与专业理论相结合的方式来提高自己的专业素质。

（2）认真学习专业课程，奠定专业技能基础。周末找专业对口的兼职，课余时间去图书馆看专业书籍，温习功课。

（3）在校两年期间考取英语 A 级证书、计算机中级证书、分析工中级证书、产品检验工证、点心师证等专业证书。

（4）寒假看专业书和有关管理学的书籍。暑假找一份专业对口的暑假工，积累经验。

（5）到公司实习，遵守公司制度，认真工作，成为公司优秀实习生。拿到毕业证书，成为优秀毕业生，顺利成为一家公司的正式成员，实现从"学生"到"职业人"的转变。

2. 中期目标（2014—2018年）——"行路人"

在中期规划中，我要扮演的是"行路人"的角色。"千里之行，始于足下"。只有在掌握了娴熟的理论知识的前提下，才能使之与实践相结合，完美地配合人的生活、学习、工作的进程。在实际工作中，我要积累工作经验，更好地发挥专业特长，在不断的努力和探索中打造成功的自我。

具体计划实施：

（1）忠于职业，努力工作，争取提升的机会。

（2）不断发现自己的不足，虚心向前辈请教。乐于沟通合作，积累工作经验。

（3）在工作之余，不断学习，通过夜大考取大专。提高自己的能力，增长知识。

（4）学会约束自己，学会管理自己的时间和金钱。

（5）建立良好的人际关系，多参加公司的聚会。

3. 长期目标（2018—2025年）——"指路人"

最后，在后期规划中，我要扮演的是"指路人"的角色。因为在积累了大量的经验后，更有利于打拼并且那时的我已具备良好心理素质和经营管理能力，不但能在工作中指导他人更好地完成"行路"这一阶段，更能在这一阶段中充实自我、完善自我，成为同行中的佼佼者。

具体计划实施：

（1）用工作其余时间去学习经营咖啡馆的知识，同时参加咖啡制作等相关培训课程，达到职业证书级别。

（2）积累一定的资金与人脉，参观各类的咖啡馆并从中了解咖啡馆的经营模式。

（3）争取机会，参加创业培训讲座。

（4）成功创办乐YO咖啡馆。

（5）细心经营，关心员工，与伙伴建立良好的关系。

五、我的理想

世界上最快乐的事，莫过于为理想而奋斗。

——苏格拉底

我的长远目标是开一家属于自己的咖啡馆，它的名字叫乐 YO。这个名字是有含义的，我想让来我咖啡馆的所有顾客都能过上快乐又悠闲的生活。并且，我希望他们听到乐 YO 就能会心一笑。同时，我会去申请专利，作为一个品牌，它就会有一个属于它的 Logo，我的乐 YO 也不例外。乐 YO 的宣传标语为：爱生活，爱乐 YO。

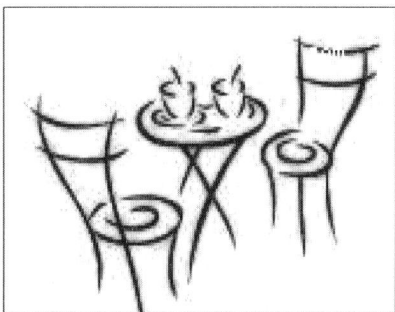

六、评估与调整

由于社会环境、家庭环境、组织环境、个人成长曲线等变化以及各种不可预测因素的影响，一个人的职业生涯发展往往不是一帆风顺的。为了更好地主动把握人生，适应千变万化的职场世界，我觉得我所做的规划只是人生的一种目标、一种方向。因此，在实施时会有相应的弹性变动，因此我需要定期对我的职业生涯规划书做出评估，并根据需要进行调整：

（1）评估的原则：一般情况下，我将会定期进行一次评估。当客观环境及主观条件发生变化时，我会根据实际的客观变化情况灵活地调整计划，保障整体计划的顺利进行。

（2）调整的原则：使职业发展和社会经济发展、我自身的性格爱好等因素相匹配，使职业发展适应社会发展和自身条件，使职业发展道路切实可行，最终实现自己的职业目标——成为咖啡馆经营者。

七、备选方案

如果我在创办咖啡馆的职业路途中遇到不可抗拒的因素必须要放弃的话，基于我个人和环境等因素的考虑。我会选择成为一名**食品行业的管理人员**。

备选方案原因：在创业过程中，我已经在食品行业磨炼多年了，已拥有一定的管理能力，并且专业水平也有所提高，所以若真的不能创办咖啡馆的话，我会选择成为一名食品行业的管理人员。

结语

尽管路会很漫长，过程也会很曲折，但是我一定会拿出足够的勇气去面对所有的困难和挫折。有人这样认为，其实**职业生涯就是一场有目的的人生旅行**，重要的是努力，奋斗的是路线，确定的是景点，实现的是目标，但最关键的是方向。因为在职业发展上，重要的不是你现在站在哪，而是你下一步要迈出的方向。

我坚信：有志者事竟成。

是海，总会掀起巨浪；是鸟，总会飞往蓝天；是金子，总会发亮。放飞梦想，起航属于自己的帆船，海会很美妙，我的人生也同样会很精彩。绚丽的彩虹会在雨后焕发光芒。

彩虹道上的钢牙妹

—— 梁钰茵

广东省轻工职业技术学校 室内设计与制作专业 指导老师：晋 利

4.

彩虹道上的钢牙妹

—— 做一名室内设计专业的教师

本人的作品荟萃

学生姓名：梁钰茵
所学专业：室内设计与制作
就读学校：广东省轻工职业技术学校
指导老师：晋利

前言

莎士比亚说：“人生就是一部作品，谁有生活的理想和现实的计划，谁就有好的情节和结尾，谁便能写得十分精彩和引人注目！”花开花又落，春去春又回，踏着时光的车轮，我们已经进入中专生活了。再过一年的时间我们又要离开学校顶岗实习，要成为劳动者中千军万马的一员。人生八十年，职业四十载，如果没有一个合理的规划，人生会毫无收获。在学校已经有一年时间了，老师给予了我很多帮助，让我不仅仅学到了专业的知识，还学会了怎么做人。老师是学生的公交站牌，指引着我们前进的方向。如果老师问我：“你想做什么职业？”我会很自信地告诉老师：“我想做一名比你更出色的老师。”

一、自我剖析

我的中文名是梁钰茵，英文名是 Eleven，人称钢牙妹（因为在箍牙齿），16 岁，家住珠海，初三毕业后来到广州，就读于广东省轻工职业技术学校，选择的是我喜欢的室内设计与制作专业。

1. 360° 认识自我

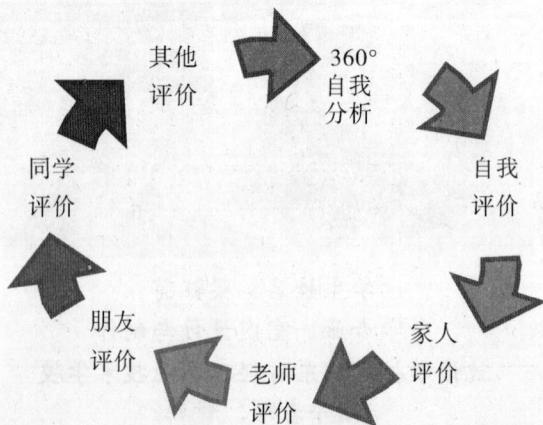

其他评价

360° 自我分析

自我评价

同学评价

朋友评价

老师评价

家人评价

4. 彩虹道上的钢牙妹

——做一名室内设计专业的教师

	优点	缺点
自我评价	独立性强，喜欢挑战，创新能力强。性格活泼开朗，好动，善良，做事认真。	脾气坏，固执。
家人评价	开朗，懂事，独立性强，勤俭节约，善良，尊老爱幼。	懒惰，贪玩。
老师评价	有强烈的进取心，热爱集体，团结同学，也是老师的好助手。	急性子，有时比较冲动。
朋友评价	善良，活泼，重感情，真实不虚伪，独立，勤俭节约。	脾气坏，太逞强，遇到困难都自己扛。
同学评价	做事认真，工作能力强，是我们心中的"女强人"。乐观开朗，善良。	脾气坏，固执，不是很会与人分享喜怒哀乐。
兼职时的领导评价	做事认真，学习能力强，有礼貌，善良。	贪玩。

2. 职业兴趣

根据霍兰德职业兴趣倾向测试，我属于企业型、艺术型、研究型。具体的分值见下表：

类型名称	得分	类型解释
社会型	4分	为人热情，人际关系佳，但与人沟通能力尚待提高。
企业型	8分	乐观主动，好发表意见，有管理才能。
艺术型	7分	思维活跃，创造力丰富，感情丰富。
传统型	5分	忠实可靠，情绪稳定，缺乏创造力，遵守秩序。
研究型	7分	思维缜密，善于分析，倾向于创新。
现实型	5分	做事踏实，为人安分，不善于社交。

3. 职业能力

```
职业能力
           ┌─────────────────────────强─────────────────────────┐
           │ 语言能力 │ 空间判断能力 │ 察觉细节能力 │ 组织能力 │
           ├─────────────────────────一般────────────────────────┤
           │ 运动协调能力 │ 动手能力 │ 社会交往能力 │
           ├─────────────────────────弱─────────────────────────┤
           │ 数理能力 │ 书写能力 │
```

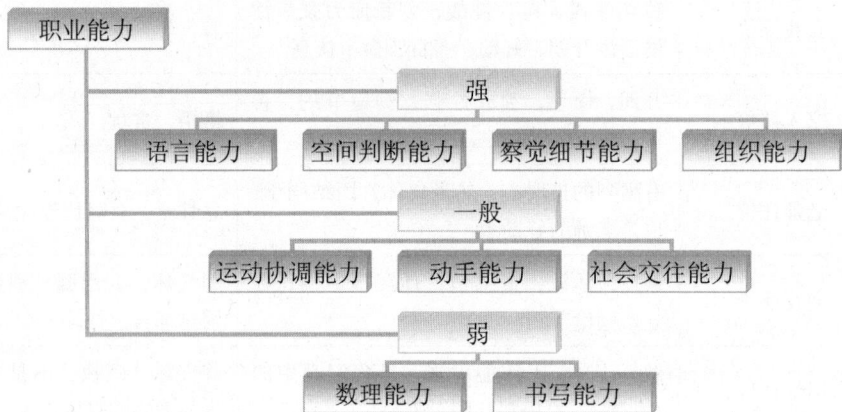

职业能力是人发展和创造的基础，是成功完成任务或胜任工作必不可少的基本因素。没有能力或能力低下，就难以达到工作岗位的要求。职业能力测试通过结果显示我的语言能力、空间判断能力、察觉细节能力和组织管理能力较强，动作协调能力、社会交往能力和动手能力一般，数理能力和书写能力最差。

4. 胜任能力

我的优势	我的弱势
（1）我对室内设计专业极具热情。 （2）我喜欢挑战和创新。 （3）工作一丝不苟。 （4）责任感强，严格要求自己。	（1）专业能力和口语交际能力有点不足。 （2）不善于表达。 （3）做事有时犹豫不决。

自我分析小结：综上分析，我思维活跃，有艺术天赋，感情丰富，善于分析，倾向创新。我希望发挥我的优势，把我的室内设计专业学好。另外，从我很小接触老师开始，我就有个梦想，长大以后成为一名人民教师，在这里，离职业更近了，我想如果能把艺术和教师两项职业结合起来，那将是我最理想的职业。但是，做教师需要很强的书写能力、社交能力，那些恰是我的弱项。不过我相信，通过我的努力，我会达到做教师的要求。

二、职业环境分析

1. 家庭环境分析

我家四口人，靠父母外出打工养家，哥哥还在读高中。我从小热爱画画，初三毕业报读了中职学校的室内设计与制作专业，爸爸也略懂这方面的知识，他很支持我的选择，并希望我今后在专业方面有所发展。

2. 学校环境分析

我的学校地理位置优越，它坐落在风景秀丽的珠江河畔，临近广州国际会议展览中心。校园绿树成荫，环境优雅，在这么好的环境下，也会给我带来很好的学习心情。而且学校师资力量雄厚，教师都有丰富的教书育人经验和良好的职业素质。有老师的指引，学生能更好地掌握学习方法，学到更多的知识。

3. 社会环境分析

国内房产和建筑装饰产业的起步和高速发展为我的职业选择带来难得的机遇。城市化建设的加快，房地产业的兴旺，国内外市场的进一步开放，在这一经济高速发展的大环境下，各地基础建设和房地产业生机勃勃、方兴未艾。设计是装饰行业的龙头和灵魂，室内装饰的风格、品位决定于设计。据有关部门数据，目前全国室内设计人才缺口达到40万人，国内高校输送的相关专业的人才毕业生无论从数量上还是质量上都远远满足不了市场的需要。装饰设计行业已成为最具潜力的朝阳产业之一，未来20～50年都将处于一个高速上升的阶段，具有可持续发展的潜力。

4. 职业环境分析

房地产和建筑装饰行业迎来了前所未有的发展机遇。这迅速扩大了社会对装饰设计专业人才的总量需求。目前国内有装饰企业近 10 000 家，但建筑装饰人才培养工作相对滞后，行业人才素质普遍偏低。建筑装饰的现有人员中，技师和高级技师的比例均不足 1%，持有职业资格证书或建设职业技能岗位证书的人员占总数不足 5%。今后 10 年内，需培养技术与管理人员约 150 万人。这些因素都造成了目前实用型专业设计人才严重不足、供需失衡的局面。因此，我把室内设计作为以后长期的职业发展方向，经过专业的系统学习后，我相信我会在职业竞争中占据先机。室内设计专业缺口很大，培养室内设计专业的任务自然也相当艰巨。

三、职业定位

内部环境因素	优势因素	(1) 有充分的时间系统地学习专业知识。 (2) 学习能力强，做事细致。 (3) 自我要求严格。
	弱势因素	(1) 自我意识强。 (2) 情绪容易被影响。
外部环境因素	机会因素	(1) 室内设计专业发展前景好。 (2) 广州是个大城市，而本校位于市中心，就业率高。
	威胁因素	(1) 社会竞争力大。 (2) 中专毕业生文凭较低，如果不比别人努力，没有自己的优势，有可能被社会淘汰。

结论

职业目标：成为一名室内设计专业的教师

职业发展策略：到学校分配的与室内设计相关的公司实习，积累经验，

4. 彩虹道上的钢牙妹
——做一名室内设计专业的教师

熟悉室内工作环境，融入社会，之后往更高一层发展。

职业发展路径：走设计师路线。

具体路径：设计师助理—初级设计员—中级设计员—高级设计师—室内设计专业的教师

发展阶段	时间跨度	分阶段目标
职业准备期	2011—2013 年	成为优秀的学生。
职业探索、发展期	2013—2020 年	实习—初级设计师—中级设计师。 提升学历，考取大专。
职业成熟期	2021—2030 年	晋升为高级设计师。 取得教师资格证，成为一名室内设计专业的教师。

四、具体实施措施

1. 职业准备阶段（2011—2013年）

成为优秀的学生，为外出实习打基础：

（1）学习方面：中职第一年要做好一切准备，不能输在起跑线上。学习好基础课程：素描、色彩、构成、Photoshop。在把课内知识学好的同时，课外还要强化训练，练习素描，或者把拍下的图片去 ps 一下，强化 photoshop 软件的操作。第二学年开始接着上有关室内的专业课程：CAD、手绘、制图、3D Max 等。在 CAD 考证前，利用放假时间多练习，加强操作速度和精准度，然后争取顺利考取 CAD 中级证书。在校期间，有空也可以多参加艺术类或其他专业的活动，如"全国中等职业学校文明风采"——摄影类、设计类竞赛，全方位地增强知识，为第三年出去实习做充分的准备。

（2）能力方面：在学校学习的时间还算宽裕，因此，在把专业知识学好的同时，我要有意识地锻炼自己的工作能力、社交能力，因为这个社会不需要死读书的人，能做工作还得会做工作。所以，在第一学期的时候，我参加了学生会，认识的人越多，越能提升我的工作能力和社交能力。之后在第二学期，我又担任了班级里的学习委员，成为班级干部的其中一员。担任学委之后，我需要经常跟同学和老师沟通，这能很好地提高我与他人的沟通能力。

2. 职业探索、发展期（2013—2020年）

实习—初级设计师— 中级设计师；提升学历，考取大专：

（1）认真实习：实习第一年，不管我被学校分去哪个公司工作，得到机会就要好好珍惜。再艰难也当作给自己一次锻炼的机会，努力适应新环境，将自己融入社会。工作时多与同事交流，友好相处。努力工作，慢慢地积累经验，并且得到同事与领导的认可。在两年内，争取从文员成为绘图员，表现突出些，争取成为设计师助理。

（2）大专学历的进修：中专毕业生，文化水平和专业知识远远不如大专生或大学生，所以要用工作以外的时间在去夜校充实自己，提高专业能力。我将继续学习我钟爱的室内设计专业，在大专的学习中，功课应该会更多、更专业，这有利于我工作能力的提高。工作期间，如果有设计类的比赛，积极去参加，不必看重名次，最主要的是积累经验，让我的阅历更加丰富。工作时也要有竞争意识，不要被动地安排工作，要不断开拓进取，不断开发新技能。在两年内，成为初级设计师。

四年后，无论我是否还在最初的公司工作，只要工作还在继续着，经验也就在不断积累着。我要积极参与家装或公装的设计，争取拿出自己的特色，有自己的代表作品，再考取中级设计师证，进一步提升为中级设计师。

3. 远期计划（2021—2030年）

高级设计师，并成为一名专业教师：

（1）经过多年的工作，总结经验，更加明确自己的设计生涯之路，保持和谐融洽的人际关系，总结自己，摒弃错误观念，矫正不良习惯，提高综合能力，更加深入了解行业的发展趋势，抓住机遇发展，努力提升为高级设计师，达到事业高峰。活到老，学到老。无论在社会工作了多少年，学到了多少知识，经历了多少风雨，生活还在继续，地球还在运转。

（2）喜马拉雅山海拔 8 848.43 米，为世界第一高峰。但是这条山脉也不知道什么时候会因再一次的"喜马拉雅运动"而再次隆起。喜马拉雅的构造运动至今尚未结束。人生也一样，没有规定成为高级设计师就是事业的顶峰了。在这以后，当我确实成了行业的知名人士时，我想把我实践的经验分享给更多有志于从事这一行业的人，那么回到学校当一名专业教师或者校企合作的教师，会对年轻的学生更有帮助，也可以让我为社会做更多的贡献。要当一名教师，就要做好充分的准备。我要先去学习教育学、心理学，考取教师资格证。学生有好有坏，那些调皮的学生，不能轻易地就放弃他，要耐心地给予学生最好的教育。像朋友那样与学生相处，深入了解学生的情况，并及时地帮助他解决所遇到的困难。把我多年的实践经验分享给我的学生，让我的学生有机会攀登比喜马拉雅山更高的山峰……

五、评估调整

规划是人写出来的，不会一成不变。不一定每一步都要按照规划所写的那样走，也许我会多拐几个弯才能到达目的地。理想的职业道路也可能被各种未知的因素影响着，而我需要灵活变通，将职业生涯规划进行调整，使我的职业生涯走到最靠近天堂的地方。

职业目标评估

社会竞争力大，如果做得不好，没有坚强的意志，随时都会被淘汰。假如一直要在室内设计这行业发展，那么我将要更加努力，不管面临多大的困难，也要面对。

职业路径评估

当出现挫折时，也不能放弃，这是我当初自己选择的路，因此就要承担得起，不放弃、勇敢地向前冲。

实施策略评估

当设计工作遇到瓶颈时，要调整心态，想想当初家人、朋友、老师帮助了自己那么多，就这样放弃了，怎么对得起他们，他们是我强大的后盾。突破瓶颈，继续前进。

结束语

I don't want to earn my living I want to live.

（我不想谋生，我想生活。）

——王尔德

人生是一趟旅行，只卖单程票，不卖回程票。真正的人生毕竟不是"快餐"，而是一场兼具营养和艺术价值的筵席。它需要一张清清楚楚的"菜谱"，使各种食材得到最佳的搭配，同时我们也能够从从容容地烹制人生的美味佳肴。生命清单，不光是安排先做什么后做什么，更为重要的是，它使我们树立了一种精神理想和追求。

只有付出，才能有收获。

未来，掌握在自己手中。

让我们在沉默中爆发吧！

敢梦想，敢追求

———周梦俐

广东省轻工职业技术学校　美术设计与制作专业　指导老师：晋　利

5. 敢梦想，敢追求

——成为著名的广告设计师

就读学校：广东省轻工业技术学校
所学专业：美术设计与制作
学生姓名：周梦俐
指导老师：晋利

前言

Ideal is the beacon. Without ideal, there is no secure direction; without direction, there is no life. （理想是指路明灯。没有理想，就没有坚定的方向；没有方向，就没有生活。）理想，是我们每个人心中的一盏明灯，它可以为我们指明前进的方向。

世界万物都有自己的理想，
花儿的理想是开放出多姿的花朵；
鸟儿的理想是建造坚固的巢穴；
我的理想是成为著名的广告设计师。

一、自我分析

1. 个人分析

我叫周梦俐，今年 16 岁。属于金牛座的我做事向来追求完美，当然有时也会有点牛脾气。我性格温和沉稳，做事踏实，一步一个脚印。我喜欢安静，所以经常会去书

城看些课外书来拓宽我的视野，有时会听些音乐缓解疲惫、放松心情。时光飞逝，想想我在中职已生活将近一年了，由于学校是封闭式管理，我的自理能力得到很大的提高，也学会了独立自理。我现在在班里担任班长一职，这是个挑战自我的机会。担任班长大大增强了我的责任感和集体荣誉感，也锻炼了我的处事能力，懂得了凡事应先为他人着想，帮助别人的同时也在帮助自己，同时，也知道了"己所不欲，勿施于人"的道理。做事要认真负责、有耐心。我的努力，赢得了班主任和各科任老师的认可和好评。

2. 成长环境

　　我从小在江西长大，家庭条件良好，父母已在深圳工作多年，现居深圳。我很小的时候就经常会去深圳玩。初三那年，由于我爸妈不放心正处于青春期的我独自在家，就把我带去深圳读书。因为没有深圳户口和课程的不同，分数线要比本地生高出 80 分以上才能上高中，所以我中考失利。经过一段时间的思想斗争，我决定报读广东省轻工职业技术学校，选择了美术设计与制作（广告设计）专业。"三百六十行，行行出状元"，我相信我会是一名优秀的学生。

3. 职业兴趣

　　根据霍兰德职业兴趣测量表的显示结果，我得分最高的三项是艺术型、企业型和现实型。

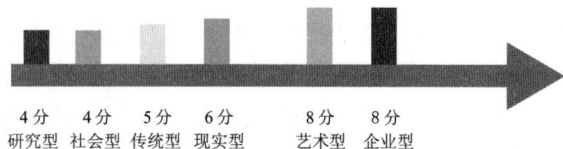

| 4分 | 4分 | 5分 | 6分 | | 8分 | 8分 |
| 研究型 | 社会型 | 传统型 | 现实型 | | 艺术型 | 企业型 |

类型	典型特征
艺术型	艺术型的人有创造力，善表达，有原则，天真有个性。拥有强大的发散性思维，思想天马行空，无拘无束，喜欢与众不同并努力做个卓绝出众的人。
企业型	企业型的人外向、乐观，有说服力，独立能力强。对管理和领导型工作感兴趣。善于辞令，总是力求使别人接受自己的观点，具有劝说、调配人的才能，是个善于与人沟通和领导他人的人。
现实型	现实型的人比较独立，喜欢用熟悉的方法做事并建立固定模式，考虑问题往往比较绝对，喜欢富有创造性的工作，有学识、有才能，但不善于表达自己的情感。

总结：我创造力强，爱思考，有吃苦耐劳的精神和坚强的意志力，对于新奇的事物有着强烈的好奇心和求知欲。而且我所学的设计专业更是需要富有创造性的头脑，我的艺术型和企业型都是最高分，这样有利于我日后自主创业。我唯一的不足是对任何事情都不够自信，在学校的这段时间我会慢慢改正过来，增强自信心。我未来的职业定位是做一名高级的广告设计师，同时我也希望能有自己的广告公司。

二、 职业环境分析

1. 家庭环境

我的父母是自主经营商，经济状况良好。父母的思想观念比较前卫，对于我的做法能够给予充分的尊重和适当的指导。父母希望我日后能有体面的工作，未来能成就一番事业。爸爸现在所经营的是一家私人的传媒公司，这与我所学的专业是相吻合的，所以我更要努力地学习，便于日后能帮助爸爸一起经营他的公司。爸爸一直是我的榜样，也是指引我人生道路的明灯。他常用自己的亲身经历来教导我为人处世，也经常会给我一些有利的建议，使我对未来更有信心。

2. 学校环境

广东省轻工职业技术学校是国家级重点中专，拥有全省规模最大的实训基地，给我们创造了良好的学习环境。而美术设计与制作（广告设计）专业也是学校重点建设的专业。**广告设计专业开设的主要专业课有绘画、摄影、包装、图形、字体设计和相关的计算机软件应用，而绘画又分为素描、色彩、平面构成、色彩构成、漆艺等及一些手工制作课程。** 课程内容丰富，既能增加学生的自主学习能力，又可以激发同学的学习热情，有效地提高我们的学习积极性。另外，校内还设有三十几个学生兴趣社团，能激发我们的业余兴趣，丰富我们的校园生活。

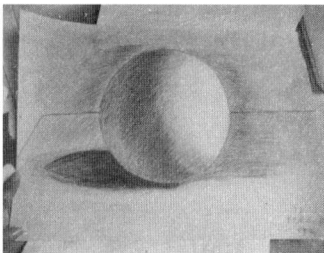

我相信，在良好的校园环境的熏陶下，我们会学得更出色。

3. 社会环境

新世纪以来，高速发展的广告业体现着宏观经济的迅速崛起和各种产业的全面勃兴，是中国经济繁荣、社会稳定的反映。数据显示，2008 年前三季度中国内地广告市场投放总额达到 2 604 亿元，较 2007 年同期增长 13%。近几年来更是有较大幅度的投入。如此庞大的产业规模，如此迅猛的产业增速，推动着广告业在中国经济体系中的地位和作用不断提升。

随着人们对物质生活的要求越来越高，销售开始成为每一家公司获得成功的手段，广告是提高销售的最重要的因素之一。现在广告行业各媒介，包括电视、报纸、杂志、车体、车内、展位、户外、DM 刊等，都有很好的发展趋势，也为各商家所看好。虽然竞争激烈，但是如果在这一行业做久了，对自身能力会有很大提高，对个人以后从事其他行业也有一定的帮助。目前来看，广告行业是个朝阳行业，而且发展会越来越好，无论你是打算在这行做技术还是做市场，对自己来说都是个不错的选择。现代社会对广告专业人才的需求量日益增大，科技发展越来越繁荣，处处都能见到广告的存在。所以，修读美术设计与制作（广告设计）专业是个非常好的选择。

三、职业理想

为了将来更好地发展，我决定学习更多的知识来丰富自己。在校期间，我将会努力学好自己的专业，毕业后将继续升学，攻读大专、本科，为日后的事业打下坚实的基础。

基本方案如下：

阶段名称	时间跨度	阶段目标
职业准备期	2011—2013 年	努力学习文化知识，考取相关证书，积极参加各项课外活动、比赛等，成为品学兼优的毕业生。兼职平面模特。
职业前期	2013—2016 年	到公司实习，成为受欢迎的、有所建树的员工；读英语，认真完成大专学业，考取英语等级证书，取得双科文凭。为未来奋斗。
职业中期	2016—2024 年	去知名公司实习，吃苦耐劳，从基层做起，为自主创业而努力。
职业后期	2024—2030 年	寻求更大的发展空间，创办自己的传媒公司。

四、具体行动措施

1.职业准备期（2011—2013年）

（1）认真完成中专学业，成为优秀毕业生。

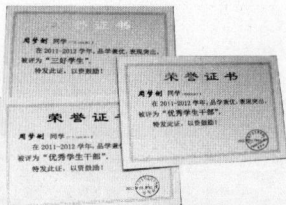

从读中专起，我就下定决心，一定要认真学习，培养多项业余爱好，全面提高个人综合素质，做一名优秀的毕业生。

（2）要想成为优秀的毕业生，上课认真是必要条件之一。要有优异的学习成绩，无论是专业课还是公共课都可以提高自己的知识水平。早、晚自习都是我们自由学习的时间，可以利用这个时间多看一些跟专业有关的课外书，或是复习每天所学的知识，不断地充实自己。还要懂得学以致用，与实际相结合。

（3）积极参加学校组织的各项活动，锻炼自己，培养业余兴趣，多方面提高自己的综合素质。在学校的第一学期，我加入了学校的模特协会与零角度摄影协会。我经常会随模特协会参加学校组织的晚会或其他演出，因此，我得到了很多锻炼的机会。而摄影协会也会经常组织外拍、摄影讲座等活动，加强了我对摄影的认识，学好摄影技术对我的专业课更是有很大的帮助。所以，在日后的学习生涯中我会更努力地去学习、锻炼自己。由于平时训练认真，表现突出，我有幸被指导老师选中参加了"广东省中等职业技能大赛——模特表演技能竞赛"的比赛培训，经过几个月的严格培训与准备，我们终于去到中山参加赛，很遗憾，因为身高不够没能拿奖，但这对我来说是一次很特别的经历，也让我学到了很多东西，重在参与，努力了就好，至少不会有遗憾。

（4）为了学到更多的知识，我决定毕业后继续升学，考取大学文凭。当然，专业课的成绩是很重要的。最近，我参加了 Photoshop 认证考试，由于学习认真努力，成绩也很理想，我顺利地通过了考试。而接下来，我要继续努力，准备明年的高级设计师的认证考试。这些证书就是通往未来的"绿卡"，所以我要考到更多的"绿卡"，为目标加油！

在这一学期里，虽然有时会觉得很累，但还是过得很充实。我会持之以恒，继续努力，相信在明年的毕业生中，我将会是优秀的一名。

2.职业前期（2013—2016年）

◆完成大专学业，考取双科文凭

我们学校实施的是"2＋1"教学模式，所以我们将会在2013年上半年去企业顶岗实习。实习的同时，我选择继续深造，<u>我将会用这一年时间去加强英语的学习。我向来对英语很感兴趣，也一直想将它学好，并且我也深知学好英语会为将来继续升学打牢基础，还可以看很多外国专业书籍，让我有更多机会学习国外先进的经验，所以我不想放弃。</u>如今社会竞争力很大，多学一门技能对自己更加有利。当然，我的父母对于我的想法表示支持，得到了他们的鼓励，我想我会学得更有信心。

由于英语这门科目大部分是要记要背的，书上说，早上是人脑记忆力最好的时候，所以我会用早自习来记单词、背语法，继而考取相关的英语等级证。而周末我会用业余时间去报英语兴趣班，扩大知识面，虽然我有基础，但与别人相比我还是要差很多。要想成功就得比别人付出多一倍努力、多一倍认真、多一倍艰辛，成功不会不劳而获。所以，在学完一年的英语之后我将考取大专，希望在大专院校里努力学习，能取得双科文凭。

2014年9月，在我中职正式毕业的时候，我想我可以顺利通过成人高考，进入我理想的大专学习生活。在大专里的课程除必修课外还有一些选修课，我想我仍然主修广告设计专业，兼修商务英语课程。功课肯定会很多，学习也应该会很紧张，但我想，只要我调整好自己的时间，选择我该上的课程，一定可以合理调配，大专生活可以过得充实、丰富、快乐。争取在这三年里英语等级过六级，并考取高级广告设计师资格证。大专生活相对比较自由，只要时间安排妥当，相信学习起来不会太困难。在那时，我已经成年，我会用周末的时间去寻找兼职，积累社会经验。因为在学校时有过做模特的经验，所以我会去兼职平面模特，而我之前做过销售，也可以去做促销员。一来当作业余兴趣；二来可以自食其力，自己赚钱自己花；三来可以减轻父母的负担，而我也可以积

累一些社会经验。我知道考取双科文凭会很累，要比别人多付出精力，要比别人更吃苦耐劳，所以我必须调整好心态去面对、去奋斗。我要以一名优秀毕业生的身份毕业并就业。对未来，我有信心！

3. 职业中期（2016—2024年）

◆参加工作，从基层做起

在完成大专的学业后我将全身心投入工作，我会选择专业对口的公司，从基层做起。我知道一个新人去公司首先得从基层做起，不管是什么工作任务，我都会努力把它做好，勤快是新人到公司后让领导和老员工认可的第一法宝，只有他们接纳了你，他们才愿意把所有的知识经验教给你。毕竟书本知识和实践工作有很大差别。我会多向他人学习，与同事打好关系，待转为正式员工之后，我将先做一名修图员，不断P图，提高我的电脑软件应用能力。我相信只要我工作认真，吃苦耐劳，就一定能得到上级的赏识以及晋升。之后，我希望做一名业务员，不断跟单、拉单，了解客户的想法以及社会的需求，便于明确方向。接着我会走设计这条道路，在对市场有一定的认识之后，相信我会设计出更多令客户满意的作品。要不断实践，虚心向别人请教，一步一个脚印。在岗位上多交朋友，学习待人处事，加强与人的沟通交流，多认识一些客户和朋友，积累人脉。相信在经过不懈的努力与付出之后，我一定能成功地走上高级广告设计师这条路。

在这期间，我将把所学到的知识与实践相结合。慢慢积累，如果条件允许，我想出国深造，学到更有用、更广泛的知识，为日后自主创业打下坚实的基础。

4. 职业后期（2024—2030年）

◆成立自己的公司，成为校企合作单位

经过多年的打拼与经验的积累，我已有一些资金。我想创办一间自己的小公司，我希望我的公司能和学校合作成为校企合作单位。校企双方共同培养出既能进行熟练操作又爱岗敬业的技术工人，并为在校学生提供实际工作的场所。一方面，学生得到了锻炼；另一方面，我们也能以较低的成本雇佣一批较高素质的劳动力。而且，公司还可以借助实习期对学生进行考察，选择一批优秀学生日后加入企业工作，也有助于企业发掘人才。

我决定**我们企业日后合作的学校就是我的母校——广东省轻工职业技术学校**。我将用这种方式表达我对母校的感激之情，毕竟我在这里的两年时间收获很多，也让我成长很多。**我将会在学校招揽更多的广告精英，给更多人锻炼的机会、成功的机会！**

五、评估调整

在未来的道路上或许会遇到挫折，但我不会因为一点小困难就放弃，我会尽力坚持自己的方向。

调整目标：我会尽量选择从事与广告相关的工作，积累经验。

调整路径：设计师需要创造力，所以我会多去采风，寻找灵感，取长补短。多欣赏别人的作品，取其精华。

评估时间：目前的时间还是在预算之内，如有不适，我会再进行适当的调整。

结束语

世界上最快乐的事莫过于为理想而奋斗。有了目标就得奋斗，所以我们必须坚持自己的信念，持之以恒，闯出属于自己的新天地！我坚信，通过自己的不懈努力，我也会闯出自己的新天地。我会加油的！

敢梦想，敢追求
——周梦俐

敢追求就敢梦想！

立足现在，胸怀未来

————潘小飞

浙江信息工程学校 　　计算机及应用专业 　　指导老师：洪　敏

6. 立足现在，胸怀未来

——成为一名软件工程师

就读学校：浙江信息工程学校
所学专业：计算机及应用
学生姓名：潘小飞
指导老师：洪　敏

2004

前言

——欲行千里，先立其志

　　不少人都曾经这样问过自己："人生之路到底该如何去走?"记得一位哲人这样说过："走好每一步，这就是你的人生。"是啊，人生之路说长也长，因为它是你一生意义的诠释；人生之路说短也短，因为你生活过的每一天都是你的人生。每个人都在设计自己的人生，都在实现自己的梦想。在今天这个人才竞争的时代，职业生涯规划开始成为人才争夺战中的一大重要利器。对企业而言，如何体现公司"以人为本"的人才理念，关注员工的持续成长，职业生涯规划是一种有效的手段；而对个人而言，职业生命是有限的，如果不进行有效的规划，势必会造成生命和时间的浪费，作为当代青年，若是带着一脸茫然，踏入这个拥挤的社会怎能满足社会的需要，怎能占有一席之地? 俗话说，欲行千里，先立其志。漫无目的地乱走一遭，岂不贻误时机，浪费年华? 为了使自己更有动力、更有目标，我们应该好好规划自己的将来。

1. 认识自我

1.1 自我介绍——"知己"

姓名：潘小飞

性别：女

性格：活泼开朗，偶尔内敛

星座：处女座（细心是个大优点）

爱好：鲁班锁、魔方、T字之谜、制作美图

籍贯：浙江省湖州市

所在学校：浙江信息工程学校

班级及专业：ACCP 11 班计算机及应用专业

联系地址：浙江省湖州市

邮编：313000

1.2 个性分析

我的优势

为人诚恳，责任心强；踏实，能吃苦耐劳；做事积极认真，遇到事情能够冷静处理，会理解别人的难处，会换位思考；积极上进，有一定的组织、管理能力，交流沟通能力强；有丰富的想象力和独特的思维方式、创新精神。

我的劣势

个性太好强，太好面子，办事情急于求成，容易冲动；由于各方面经验较少，对事物的认识都还不够深刻。

个性小结

富有想象力、创造力，做事情认真负责，乐于创新，渴望表现自己，实现自身的价值。

心中拥有梦想，会努力地付诸行动，努力实现自己的梦想。作为在校学生，我对未来充满希望，会不断地努力奋斗，也不会再冲动行事，懂得脚踏实地，为自己的梦想而展翅飞翔，坚信自己将会成为优秀的软件工程师。

1.3 获得的成绩

进校以来，
一直被评为"三好学生"，
并争取到了奖学金！

参加了
学校和北大青鸟
举办的网页制作比赛！

在校期间
取得专业技能证书！

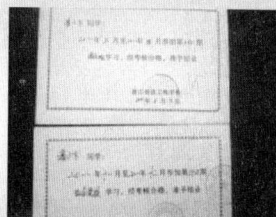

先后参加
团后班和业余党校并顺利毕业！

1.4 我的成长环境

我的家庭

我出生在一个普通的农村家庭。爸爸、妈妈、我还有妹妹组成了一个幸福的四口之家。爸妈都是在家务农，所以，我从小就有了一个信念，那就是一定要出去闯一闯。不管外面的生活有多艰难，爸妈的支持就是我最大的动力。

我的学校

浙江信息工程学校坐落于享有"寻遍江南清丽地，人生只合住湖州"美誉的湖州市。学校已有 50 多年的办学历史，2011 年成为首批国家中等职业教育改革发展示范建设学校。学校于 1993 年创建信息技术专业，2001 年 11 月该专业被认定为"浙江省中等职业学校计算机应用首批示范专业"，2004 年 5 月学校被国家教育部命名为"国家计算机应用软件紧缺人才培养培训基地"。信息部现有专职专业教师 32 人，硕士研究生 5 人。双师型教师比例为 87.5%。老师在平时的工作中非常认真，对学生的提问也很有耐心地一一解答。这为我们创造了一个良好的学习环境。

2. 职业分析

2.1 职业环境分析

我的专业背景——北大青鸟

理　　念：教育改变生活

企业战略：中国 IT 职业教育领导品牌

质量方针：预测客户期望，运用训练有素的职业化员工队伍，提供及时的、有价值的服务，满足客户不断提高的期望，打造中国 IT 职业教育领导品牌。

北大青鸟 APTECH 紧跟时代潮流，把握国内 IT 人才需求走向，目前开展的特许加盟项目有：

★ACCP 软件培训项目：以培养软件开发人才为目的（始于 2000 年）

★BENET 网络培训项目：以培养网络应用人才为目的（始于 2004 年）

★BTEST 软件测试培训项目：以培养软件测试人才为目的（始于 2005 年 3 月）

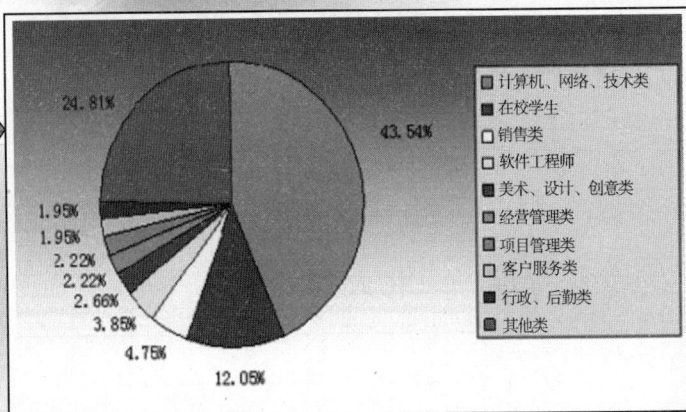

湖州

计算机、网络、技术类
在校学生
销售类
软件工程师
美术、设计、创意类
经营管理类
项目管理类
客户服务类
行政、后勤类
其他类

　　湖州的 IT 业发展以多媒体产业园为主。湖州多媒体产业园发展有限公司于 2008 年 6 月注册成立，注册资本 3 亿元，由上海新长宁集团全资控股子公司上海多媒体产业园发展有限公司投资设立。园区占地面积 17 万平方米，建筑面积 28 万平方米，包括 20 万平方米的产业用房、6 万平方米的生活配套设施、2 万平方米的展示培训设施，预计总投资 30 亿元。它按照统一开发、统一招商、集中服务的方式运作。园区定位于以服务外包（包括应用软件开发、数据处理等）、多媒体产业（包括影视动画制作、数字媒体展览展示）为特色，以信息服务业为主体的现代服务业集聚区，目标是为企业发展、员工生活提供全程解决方案，建设成集培训研发、生产制作、展览展示、生活娱乐为一体的综合社区，它将成为湖州市乃至浙北地区标志性的现代服务业集聚区。

2.2　目标职业分析

1. 目标职业名称

软件工程师

2. 目标职业的解读

软件工程师是指通过学习和训练，掌握软件技术的理论知识和操作技能的软件技术人员。软件工程师能够从事计算机软件、网站的设计、开发、维护和测试工作。

3. 目标职业的优势

（1）能掌握企业的核心数据、软件技术，具有不可替代的竞争优势。

（2）新型软件人才缺口大，27%的行业增长速度导致软件人才年缺口达30万，高薪、高福利成为必然。

（3）可实现专业零基础入行，6～18个月的强化训练和职业化引导，就可成为企业急需的技能型人才。

（4）就业面广，一专多能，实践经验适用于各个领域。

（5）增值潜力大，职业价值随着自身经验的丰富以及项目运作的成熟，升值空间一路看涨。

（6）职业发展前景广阔，软件工程师到项目经理仅一步之遥，可从容晋升到 Manager。

2.3 SWOT 分析

	优势因素（S）	弱势因素（W）
内部环境因素	（1）能看到事情积极的一面。 （2）具有乐观豁达的人生态度。 （3）做事谨慎有耐心，细致。 （4）善于思考。 （5）具有较强的团队合作能力。 （6）具有较强的语言文字表达能力。	（1）有时候做事优柔寡断。 （2）有时候缺乏自信。 （3）有时候做事感性多于理性。 （4）有计划，但不能很好地及时实施计划。 （5）地理知识需要加强。
	机会因素（O）	威胁因素（T）
外部环境因素	（1）中国加入 WTO，整个经济发展形势越来越好，对 IT 人员的需求量也越来越大。 （2）随着对外贸易的发展，IT 人员的需求量增大。	（1）高学历毕业的人很多。 （2）IT 行业发展非常快，如果不能及时跟上就会被淘汰。

结论

　　在接下去的学习生活中，我要充分利用时间学习专业课知识，为以后的就业奠定基础，并通过自己的人脉去接触一些小型的项目，从中获取实战的工作经验，跟上发展潮流。还要学习文化课知识，参加考试，争取早日拿到本科毕业证书。

3. 职业生涯规划

3.1 职业生涯规划

近期计划（在校期间）

时间：2012—2013 年

目标	措施
1. 文化课达到 A 等以上	认真复习，专心听讲，平时多看相关书籍。
2. 争取获得青鸟 Java 认证	努力学习 Java 方向的知识，不懂就问，多看并使用 JavaScript，增强学习效果。上如"使用 Java 实现面向对象编程"等课程，多实践，多做项目。
3. 争取获得青鸟 .NET 认证	在学习 Java 的同时，也要看 .NET 方面的书籍。如 C#语言和数据库技术基础/深入、.NET 平台及 C#编程。
4. 职业素养达到高级 A 等	在文明礼仪、仪容仪表方面，努力向职场人靠拢，争取具备较高的职业素养。
5. 成为一名预备党员	在思想上，积极主动地向党组织靠拢；在行动上，带动周围同学，做好先锋模范作用。
6. 带领学习部发展	考虑多方面因素，与他人共同努力，带领好学习部发展，增强自己的社会交往能力，建立起自己的人脉关系。

短期计划（实习期间）

时间：2013—2014 年

目标	措施
1. 拜师	进入企业学习，向有经验的老员工拜师。
2. 学艺	学习老员工成功的经验，吸取失败的教训。
3. 与实习指导老师交流	多与实习指导老师进行沟通交流，解决在实习期间遇到的问题，从中积累经验。
4. 总结和反思	进行有规律的总结与反思。总结一段时间下来所遇到的问题和解决的方法，思考在接下来的工作中该如何正确地发挥自己的长处来解决问题。
5. 考取本科	在实习期内利用课余时间，参加函授本科的培训班，为来年的函授本科考试打下坚实基础。
6. 成为一名党员	积极主动地向党组织靠拢，参加党组织的活动。进行自我批评，发现自己的不足，并加以改进。

中期计划（毕业后的五年计划）

时间：2014—2019 年

目标	措施
2014—2016 年	利用两年左右的时间，经过不断地尝试，初步找到适合自身发展的工作环境、岗位。积极争取机会，多学习技能知识，提高熟练度，积累一定的工作经验，并且注意专业知识的不断更新，向他人学习为人处世的方法，积累人脉。
2016—2018 年	机会是靠自己争取的，经过前三年的不断打拼，积累经验，可以向更高层次的目标进行冲击。寻找待遇较高或对自己未来发展前景较有利的公司，从而不断改变和完善自我。还可以扩大视野，看看外面不断变化的环境，使自己的思想不被禁锢，做到与时俱进。
2018—2019 年	了解市场行情，争取有份稳定的工作，注意资金的积累，合理理财，适当投资，为将来自主创业打下一定的经济基础。

长期计划（毕业后的十年或以上）：

（1）不断积累工作经验，不断更新自己在工作上的专业知识，同时拓宽自己的人际圈，积极争取职位上的晋升机会。

（2）利用自己所积累的经验、人脉、资金脉自主创业。

3.2 评估与调整

人的一生总会面临各种各样的选择，因此职业规划也就成为了一个动态的过程。适时的评估与调整是非常必要的。

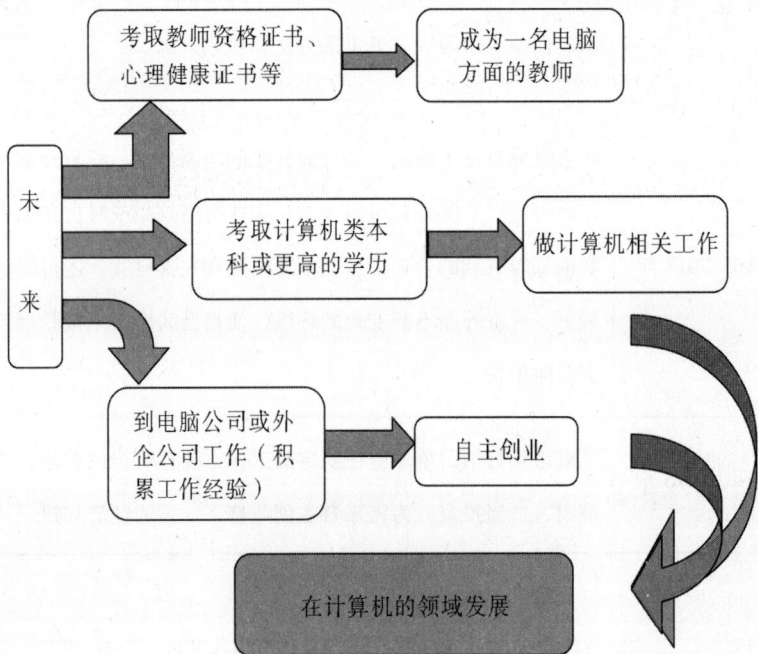

在现代社会，文凭还是很重要的。我会先进入电脑公司从事软件编程方面的工作，在工作闲暇时，我会努力学习，考取本科文凭或者更高的学历，在积累了工作经验、人际关系后，我将进行自主创业。如果行不通，我会选择考取关于教师方面的证书，成为一名电脑教师。

expect
期
待。

结束，代表另一个开始

　　计划固然好，但更重要的，在于其付诸实践并取得成效。任何目标，只说不做，到头来都会是一场空。然而，未来是未知多变的，这就要求我们有清醒的头脑。一个人，若想获得成功，必须拿出勇气，付出努力，并为之拼搏奋斗。成功，不相信眼泪；成功，不相信颓废；成功，不相信幻影。未来，要靠自己去打拼！

我要一步一步往上爬

————邝敏华

珠海市第一中等职业学校　酒店服务与管理专业　指导老师：张志凤

7.

我要一步一步往上爬

——成为星级酒店经理

学校名称：珠海市第一中等职业学校

班　　级：酒店服务与管理 112 班

学生姓名：邝敏华

指导老师：张志凤

前言

梦想——只要有计划，有恒心，梦想就能成为现实。梦想可以很简单，或许只是一句对故人的承诺；它也可以很沉重，比如对自由的向往。无论它怎样卑微、渺小，抑或神圣、遥远，心存梦想的人起码是精神上的巨人。

计划——你永远不能依照过去来计划将来。要想实现自己的梦想，不但要奋斗，还要有属于自己的一个计划。没有借口，白纸黑字远比不成文的承诺更具说服力与强制性。合理的职业规划是很有必要的。一个全新的自我，面对的是全新的未来，局限于自己固有的位置已经不能满足成长的需要。现在需要的是对自己进行正确的审视与认识，以及对未来具体的思考与定位。

努力——生活不是一场比赛，而是一次旅行，得一步一步来。成功正如积木、拼图，并不是一步就能完成的，而是靠每一次尝试，一步一步积累起来的。踏实是一种品质，也是一种境界。

享受——当你享受工作时，生活是一种乐趣！当你把工作看成义务时，生活则是一种苦役。所以，Enjoy your work！付出了汗水与泪水，生命才会更有价值。懂得这一点后，实现梦想才会有动力。当奋斗成了乐趣时，成功也不远了。

我有一个梦想，而且我愿意制订计划，一步一步地努力执行，直到它引导我到达梦想的彼岸。

一、自我分析

我叫邝敏华，现在就读于珠海市第一中等职业学校，专业是酒店服务与管理。我认为酒店服务这行业，容易就业，且富有挑战性，所以我选择了酒店服务与管理这个专业。

我是一个心地善良、有责任心、有好胜心的人，为人光明磊落，同时我又是一个安静内向、敏感、稳重、做事谨慎的人。平时我喜爱做 DIY 手工艺、听音乐、看电影、跑步。我做事认真、踏实，待人友善，动手能力强，喜欢管理，有一颗喜欢挑战的心。

优点	做事认真细心，以身作则，爱挑战，勤于思考，严于律己，淡泊名利，有责任感，有较强的自我克制能力，态度稳重。
缺点	性格偏内向，交际能力一般，口才不好，胆子不够大，缺乏恒心，观察力不强。

二、家庭分析

我出生在一个平凡、不富裕却充满幸福感的家庭。我爸爸是一个工地工人，我妈妈是一个卖衣服的销售员，家里还有一个弟弟和一个妹妹，一家五口就这样过着平淡而又幸福的生活。对于我选择的专业，我家人表示支持和鼓励，希望我能成为优秀毕业生，能找到一份好的工作。我爸爸责任感强，大公无私，知难而上。我妈妈吃苦耐劳，有较强的观察能力，心灵手巧，人际关系好。他们身上的品质都非常值得我学习。

三、职业分析

1. *我想就业的岗位是*：星级酒店经理

2. *工作性质*

酒店经理属于高层管理人员，即为决策层，是酒店管理的核心层，是对酒店管理成败负有主要责任的关键人物，对酒店的发展，总体规划、人力、物力、财力的统筹安排等拥有充分的权力。经理要善于用系统和全局的观念看待和处理问题，面对复杂多变的内、外环境，能够利用酒店所获得的各种信息，快速果断地做出正确的决策。

3. *工作内容*

（1）对上级负责：

①接受和完成上级下达的任务，并汇报完成工作情况。

②达到工作要求。

③为上级多思考，尽量不让上级担心工作问题。

（2）对下级负责：

①合理分配任务。

②公正执行制度。

③善于倾听员工意见，并及时、如实地向上级反映意见。

④以身作则，这是身为管理者最基本的原则。

⑤爱护、关心、培养员工。

（3）对客人负责：

①最大限度地提供优质服务。

②满足客人心理需求。

③及时正确地处理客人的投诉。

④维护客人权益。

⑤保护客人安全。

（4）对工作负责：

①努力认真地完成自己的工作。

②掌握技能，提高效率。

③工作前先策划好工作内容，以防工作出错。

4. 需具备的素质

（1）职业道德：

①要平等待客。

②要有对酒店、客人和员工负责的工作态度。

③公平公正，不谋私利。

（2）专业能力：

①要有管理能力。管理能力又包括管理理论、知识与方法、应变能力、领导能力、决策能力、激励能力。

②要有业务知识和业务能力。

（3）人际交往能力：

①与上司保持和谐关系。主动承担责任，多理解、关心上司，替其分忧解愁。

②关心同事，与同事友好相处，互相帮助。

5. 就业前景

酒店管理，是全球十大热门行业之一，高级酒店管理人才在全球一直都是很紧缺的。根据世界旅游组织的统计，目前旅游业已经成为世界最大的产业，每年还以两位数的速度在增长。在国际人才市场上，酒店管理人才出现了供不应求的局面。世界旅游理事会（WTTC）在 WTO 召开的世界大会上宣布，中国旅游就业现在是世界第一位，并预测到 2010 年可吸纳 8 800 万的就业人数。因此酒店管理人才需求有很大的缺口，酒店管理专业就业前景广阔。

目前，全世界已有 17 个国际酒店管理集团在投资或管理高星级酒店，酒店行业在不断扩充，对人才的需求也不断增加，每年都需要数以千计的国际化酒店管理人才。三年内北京酒店也将达 800 家，高级酒店管理人才抢手，酒店管理就业前景非常乐观。

四、确定发展目标

1. 我的长远目标

星级酒店经理

2. 我的近期目标

（1）考取证书：计算机一级、英语一级。

（2）顺利毕业并成为优秀毕业生。

3. 阶段目标

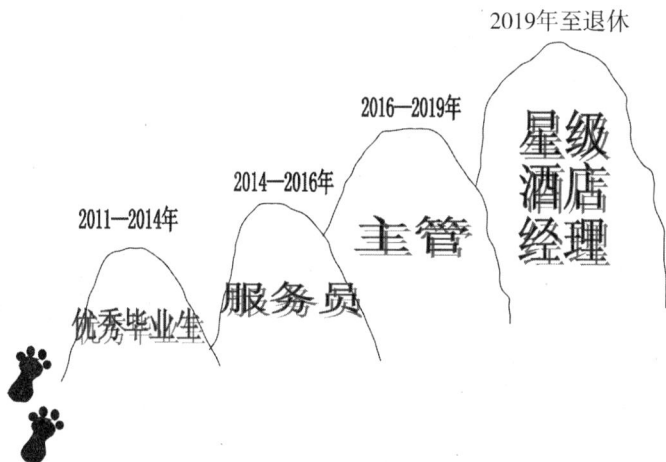

五、制定措施

第一阶段 2011—2014 年 优秀毕业生

（1）提高学习能力。上课认真听讲，做好笔记，课后认真复习、预习，不断学习，提高自己的学习能力，并要求自己每科达到 80 分以上。

（2）培养自己的人际交往能力。多与同学、师兄师姐、老师沟通交流，更好地培养自己的沟通能力，平时多参加演讲，培养自己的语言表达能力。

（3）积极参加学校组织的活动，更好地锻炼自己。我现在已经是学生会纪检部的一名成员，这有利于我锻炼自己的胆量，提高自己的管理能力。

（4）提高英语水平。认真听英语老师的讲解，不断积累英语知识，每天早上起床坚持背一课单词，平时多读、多背英语文章，提高自己的英语水平。

（5）要有好的形体礼仪。我们读酒店这个专业，需要好的形体姿态。平常上形体课时，要练习好每一个动作，学好每一个礼仪，把学到的东西运用到平时的生活当中，提升自己的气质与素质。

（6）学好计算机这门课程。这是我们从事酒店这一行业的必备素质，而且今后可能会更多地接触到计算机打字、设计与制作表格等工作。所以，计算机这门课程，对我们学酒店的来说也是相当重要的。我的目标是酒店经理，更多的是涉及计算机的运用和操作，如出单、制作工作表格、处理各种事物等。利用学校安排的计算机课程和晚上到机房晚修的机会，练习快速打字和老师教给我们的电脑操作。

（7）第二学期考计算机和英语证书。努力学好每门课程，以便更顺利地考取证书。

（8）要从小事做起，从一点一滴做起，培养正确的思想观念、良好的行为习惯、积极的生活态度、健康的情绪状态。

第二阶段 2014—2016 年 服务员

（1）快速熟悉工作内容和工作性质，努力做好自己的工作，理解该公司的发展。工作时，要认真、细心，不懂时多问别人，更快地让自己进入工作状态。

（2）积极做事，先做好自己的分内事，再去担任其他工作或去帮助别人工作。许多公司需要的就是主动的人，主动胜于被动。

（3）工作时保持自己良好的形象与姿态，利用好在学校学到的礼仪、形体知识，只有这样，才会有一个好的工作状态，才会有好的服务。身为一名服务员，最重要的就是有好的服务意识，让客人满意。

（4）多观察和学习上级的处事方法，学习他们身上的优点，不断修正自己的缺点。

（5）学会自己处理事情，遇到问题，先想清楚再决定如何去做。

（6）有意识地去培养自己成为一名优秀服务员。

（7）多看书，拓宽自己的知识面。

（8）通过广泛的社会实践活动来磨炼自己，更好地提高和完善自己。

第三阶段　2016—2019 年　主管

（1）积极做事，努力成为上级的得力助手。

（2）做好自己负责的工作，尽量不让上级操心。

（3）管理好自己的下属，以身作则，以友好、认真的态度与下属交流工作。

（4）善于听取别人的意见，改正自己处事的错误。

（5）树立自己的工作目标，并努力完成。

第四阶段　2019 年至退休　星级酒店经理

（1）坚持以身作则的原则，做到公私分明，这样才能管理好别人。

（2）坚持自己的理念，不断思考，不断创新。

（3）做事要认真负责，记录好员工的工作情况，以便于其改正错误并调整至最好的工作状态。

结束语

追求是人类进步的阶梯。

许多名人伟士在追求的道路上，用自己的言行，为我们点亮了一盏盏明灯，照亮我们后人奋斗的道路。心中有理想，脑海中具有全盘打算，骨子里肯追求的人，注定会是生命的强者。即使前方荆棘密布、乌云满天，但我们有资本，也有能力向一切阻碍我们前进的障碍发起挑战。

我也相信在我前进的道路上，只要我拥有梦想和计划，并为之努力，就能充分发挥我的潜能，让我更上一层楼，也更容易将梦想转化为理想实现时的那一抹绚丽的彩虹。

"蜗牛" de梦想

————黄思莹

浙江省镇海职教中心　会计专业　指导老师：胡雪君

8.

"蜗牛" de梦想

——我想成为服装设计师

葡萄树下

翻开的不是泛黄的照片，而是年少时的美丽回忆。

浙江省镇海职教中心
2008　会计（1）班

作　者：黄思莹
指导老师：胡雪君

8. "蜗牛" de 梦想
——我想成为服装设计师

我要一步一步往上爬

等待阳光静静看着它的脸

小小的天有大大的梦想

重重的壳挂着轻轻的仰望

我要一步一步往上爬

在最高点撑着夜往前飞

让风吹干流过的泪痕

总有一天我要属于我的天

正如这首歌曲《蜗牛》一样，每个人都有自己的理想，每个人都为了自己的理想像一只小小的蜗牛一样，一步一步地往上爬。

姚明告诉我们："机会转瞬即逝，努力了不一定成功，但放弃一定失败。"邰丽华告诉我们，命运掌握在自己手中，没有人可以打倒我们。

的确，命运与梦想是掌握在我们自己手中的，我们要有自己的目标，并为此制订人生的计划，明确自己的方向，就像蜗牛一样，朝着那片属于自己的天空一步一步往上爬。即使困难再大、时间再长，我也要做一只小小的蜗牛，设计自己的职业生涯，一步一步地实现自己的梦想。

——题记

一、条件分析

　　我从小就对服装设计有特别的感情，一直都很喜欢给家里的洋娃娃做服饰。个人也比较喜欢搭配各种各样款式的服饰。父母都认为这个行业没有什么前途。说的也是，毕竟往服装方面发展也不太现实，加上现在服装更新很快，设计师的竞争相当激烈，所以我对此不抱太大希望。直到我搬家以后，我有一天一个人待在家里，闲着无聊，兴致一上来就拿着布，给心爱的洋娃娃做了一条裙子，妈妈下班回来的时候我拿给她看，她说相当不错，也许这个就是我在这方面的天赋吧。

　　我也很喜欢给别人搭配衣服，搭配得也很合体。我妹妹每次出去买衣服都会叫上我，她相信我的眼光。并且，我也一直很关注每年的流行色彩、流行趋势。随着社会经济的不断发展，人们的价值观、消费水平都随之提高，对自己的外貌形象也愈发重视。抓住这点，现在服装图案也越来越多，款式也越来越新颖。因此，我想只要努力设计出新颖的服装，抓住服装实用性，追求与众不同，就可以吸引顾客的眼球。这样看来，成为一名服装设计师的前景是相当可观的。

二、确定职业目标

　　考虑到我的兴趣和爱好，我选择的职业是成为一名服装设计师，将来开一家属于自己的店。

　　要求　我想以后店里只卖我自己设计的服装，绝对独一无二。这样可以给顾客带来许多新鲜感，也会带来许多商机。但是，任何事情并非想象中的那么简单。成为一名专业服装设计师的要求很多：一是要重

视专业资料和各类信息的收集和整理；二是要善于在模仿中提高；三是要不断提高审美能力，树立起自己独特的审美观；四是要尽快让自己对时尚潮流敏感起来；五是尽快让自己时尚起来；六是要主动为自己创造实践的机会；七是要学会与人沟通、交流和合作。

并且，我还要有独创性和想象力，这个是服装设计的翅膀，没有丰富想象力的设计师技能再好也只能被称为工匠或裁缝，而不能称之为真正的设计师。同时还要有绘画基础与造型能力，一方面，只有具备了良好的绘画基础，才能通过绘画的形式准确地表达设计师的创作理念；另一方面，在设计图的过程当中也更能体会服装造型的韵律之美，从而激发设计师的灵感。

三、阶段规划

为了这个梦想我也制定了规划：不仅要学好自己的专业课程，还要充分利用自己的课余时间朝着目标奋斗。

16~18岁：在校好好学习自己的专业课和文化课程，并且强化有关服装方面的专业知识，努力升入高职，考进服装学院。

19~22岁：在服装学院主修服装设计专业课程，学习专业知识，深化对服装设计方面的认识。

23~25岁：当一名服装设计师助理，进一步了解服装方面的相关知识，了解服装店情况，为开店攒本钱。

26~29岁：自己创业，用当助理攒下来的钱，开一家属于自己的服装设计店。

30岁：利用开店几年赚来的钱，扩张自己的店面。

四、具体措施

(1) 16～18岁：在校好好学习自己的专业课和文化课程，并且强化有关服装方面的专业知识，努力升入高职，考进服装学院。

我在中专学的专业是会计电算化。但是，我的梦想是成为一名服装设计师，这两者一点关系都没有。但我相信只要有自己的目标，无论怎么样都能做得很好。利用课余时间我会向服装专业的老师学习有关服装设计的基础知识，比如说怎样更好地完成机缝、手缝和压熨以及打钮门、做手等特别的工序，我也向服装专业的同学讨教他们所学的相关知识。我既然选择了自己的爱好——服装设计，我就相信只要不放弃，就可以成功；只要努力、用心学习，就可以和那些服装专业的学生一样，做得很好。与此同时，我也要学好我的专业课程，这样既不会影响专业课的进程，也可以为以后报考设计专业打好基础。

(2) 19～22岁：考进后，在服装学院主修服装设计专业课程，学习专业知识。

经过专业的培训以及学习服装专业的相关知识，才可以更进一步地加深对服装设计的了解，对服装的具体制作方法也有正确理解，甚至能自己设计并做出一件衣服。我还要努力考过服装设计师资格考试，获得时装设计师职业资格证、服装陈列师资格证……有了这些证书，毕业后我就可以找到更好的工作；有了好的工作单位，只要我肯努力，就可以使我的专业基础更加扎实。

(3) 23～25岁：当一名服装设计师助理，更进一步地了解服装方面的相关知识，了解服装店的内容，为开店攒本钱。

毕业后我可以去外贸厂做设计师助理，可以帮他们整理资料、做些市场调查等有关方面的工作。这样不但能使我的专业基础更加扎实，还可以帮助我更好地实地了解服装界的趋势以及现代人们看待事物的眼光，了解流行趋

势可以丰富自己的思想，开阔自己的眼界。

另外，在这个过程中，我可以为自己开店打下一些基础，用工资做本钱（几年下来也可以攒好几万），一举两得，何乐而不为呢？并且还可以学到很多专业知识，让我可以做得更好。

（4）26～29岁：自己创业，用当助理攒下来的钱，开一家属于自己的服装设计店。

在做服装设计师助理的几年里，也赚了些钱，再加上父母的帮助，有了开店的本钱。我在职高是读会计专业的，所以在对开店资金运转方面也会做些事前的统计。同样我对每月要交的各项税费也很清楚，这样就可以学以致用了。我认为，刚刚起步时服装店的店面不需要太大，但地理位置一定要好，要选一个人流量相对来说较密集的地方。另外，做一些适当的装修也是有必要的，装修要求简洁、清爽，给人清新感，这样可以让顾客一进店门就感觉到特别舒畅。

然后，店内的服装要有让人眼前一亮的感觉，这样才能吸引顾客的眼球。这个主要在于服装的款式不能太平凡，如果其他店里能找到一样的款式，那么就显示不出来特别的气质了。

（5）30岁：利用开店几年赚来的钱，扩张自己的店面。

开小型服装店只是我暂时的目标，因为那时候刚刚起步，没多少本钱。过了这么多年，总会攒下些钱，还有很多顾客也知道了我的这家店，生意好的同时也该扩张店面了。

把店开到靠近市中心的地方去，吸引更多顾客的注意，生意自然也会红火起来。这样下去，我很快就可以收回店面扩张的本钱了。本钱赚回来，就可以慢慢赚利润了。

结束语

"阿门阿前一棵葡萄树，

阿嫩阿嫩绿地刚发芽，

蜗牛背着那重重的壳呀，

一步一步地往上爬啊，

阿树阿上两只黄鹂鸟，

阿嘻阿嘻哈哈在笑它，

葡萄成熟还早得很哪，

现在上来干什么啊？

阿黄阿黄鹂儿，

不要笑，

等我爬上它就成熟了。"

我就是这只小小的蜗牛，正缓缓地向着葡萄的顶端爬行，纵然烈日当头，但我相信，辛勤的付出会有回报。也许路旁的花会笑我，那么累干嘛，你不过在做无用功罢了；也许空中的鸟会笑我，飞翔是要有天分的；也许天上的云会笑我，你和我比还差得远哩。不过，我会用微笑告诉他们，前面是会有很多坎坷，但我相信天道酬勤。我看到了我的汗水，我相信在我的努力下我会实现梦想。

只要有信心、有耐心、有恒心，成功就是属于我的。

扬梦想之帆，起未来之航

————伍慧玲

陈村职业技术学校　　计算机技术及应用专业　　指导老师：李　华

9.

——成为一名顶尖的计算机高级技术人才

扬梦想之帆，起未来之航

学校：陈村职业技术学校

专业：计算机技术及应用

作者：伍慧玲

指导老师：李华

扬梦想之帆 起未来之航

——成功人士的规划

任何目标，只说不做到头来都会是一场空。然而，未来是未知多变的，这就要求我们有清醒的头脑。一个人，若想获得成功，必须拿出勇气，付出努力，拼搏、奋斗。成功，不相信眼泪；未来，要靠自己去打拼！实现目标的历程需要付出艰辛的汗水和不懈的努力，不要因为挫折而畏缩不前，不要因为失败而一蹶不振；我们要有屡败屡战的精神，要有越挫越勇的气魄，相信成功最终是属于我们的。每天要对自己说："我一定能成功，我一定要按照目标的规划行动，坚持到胜利的那一天。"既然认准并选择了正确的方向，就要一直走下去。我的真正行动才刚刚开始。现在我要做的是，迈出艰难的第一步，朝着这个规划的目标前进，以满腔的热情去获取最后的胜利。

一、我的职业理想

成为一名顶尖的计算机高级技术人才

二、我对未来职业的描绘

经过各方面的磨难，坚持对自己有信心是很重要的。

我会在今后的时间里不断地学习从事计算机行业所应具备的技能，促进实践能力的提升。我会到相关的技术公司去应聘，做一名技术人员，然后通过我自身的努力去实现我的理想，成为一名顶尖的计算机高级技术人才。

三、实现职业理想的依据

（一）个性倾向会影响一个人的职业选择

姓名	伍慧玲	学校	陈村职业技术学校	专业	计算机技术及应用
个人优点	只要别人对我好，我就对他好，别人说我、骂我，我都可以忍。爱运动、爱劳动，不爱斤斤计较。任何事我都会去尝试一下，爱笑，爱帮助别人、尊重别人、鼓励别人，爱家人，讲礼貌。				
个人爱好	观光、旅游、打羽毛球和乒乓球、听音乐、唱歌、画画……				
个人特长	绘画、唱歌、打乒乓球、打字快、电脑操作熟练。				
个性特点	属于外向型的女孩。性格比较活泼，热情开朗，豁达可亲，好交际、健谈，机敏，适应力强，果敢坚持。				
人脉	与同学关系很好，与朋友关系也很好。在老师眼中是个好学生，在父母心中是个好孩子。				

（二）区域经济发展对我的职业理想实现存在的有利因素

广东佛山近年来的经济发展快速平稳，人均收入得到大幅的提升。各方面的经济发展迅速。在计算机这个行业，企业需求很大。一家好的 IT 企业，需要许多创新发展潜力大的计算机技术人才。

（三）家庭情况对我的影响

我是在农村长大的，家庭情况不是很好，仅能维持正常的生活，有一定的经济负担。家里有三个小孩，我排行老大。另外两个还非常小，一个 5 岁，一个 7 岁。我们都在读书，爸妈却有 40 岁了，所以，负担比较重。正是因为这样，我要努力读书，学好技能。只有这样，才能够改善自己的生活。

（四）计算机技术人员前景分析

计算机是一门快速发展、日新月异的学科，工资又高。我国从事计算机工作的专业人员不到 100 万人，伴随经济结构的调整，科教兴国战略的进一步实施，科学、工业、国防和教育事业需要一大批高素质的计算机专业人才。一方面，计算机行业良好的就业前景，吸引了大量非计算机专业的人，其中大部分是年轻人；他们迫切需要依靠学习和培训来获得进入计算机专业的技术能力；另一方面，计算机行业中职业的变化和更替也是最频繁的。它要求从业者必须不断地学习，保持这种持续工作的状态。同时，一

个人学习的技术越先进，掌握的技术越全面，那么这个人的事业发展前景就越广阔，工作选择机会就越大。此外，由于互联网技术的飞速发展，很多掌握过时技术的人员也不得不重新进行培训，以使自己能够与时俱进。随着我国经济的不断发展，信息化程度会越来越高，计算机行业发展前景会越来越好，这就是我要投身于该行业的原因。

四、应具备的心态与条件以及今后努力的方向

应具备的心态与条件	今后努力的方向
①掌握各方面的软件技能，上课认真听讲，学好各方面的知识，熟练操作课程中所学习的软件，这是计算机从业人员所应具备的条件。	①学会与人沟通。 ②学习计算机基础知识。 ③积极锻炼自己的应变能力。 ④加强自己对计算机这一行业的深入理解。 ⑤加强锻炼自己考虑事情的周全性。
②自己花时间去摸索，在成功与挫折中积累经验。	
③花大量的时间及金钱，去学习成功人士累积的心得和经验，并将这些知识及技巧快速转换成自己的能力。	
④具备高度的热忱及服务心。	
⑤将客户当成最好的朋友和家人，随时随地关心他们，把所有客户都当成长期客户。	
⑥不欺骗客户，不要把客户当傻瓜，不轻视任何客户。	⑥利用寒暑假进行社会实践活动。特别要找机会到有关计算机的行业去工作。 ⑦学习礼仪知识，做到有礼赢天下。 ⑧积极进行自我培训，扩大自己的知识面和加强自己的计算机技能，做出适合自己今后发展的策划方案。
⑦有非凡的亲和力：容易让客户喜欢、接受、信赖，容易同客户成为最好的朋友。	
⑧熟悉自己行业的特点。	
⑨熟悉行业的市场。市场怎样细分，竞争对手有哪些，市场的容量如何，客户的地理分布和产品的时间分布如何，产品市场的短期发展趋势如何等。	
⑩接触产品时，要合理安排时间，要根据客户的要求和地理位置进行合理的空间分配。	
⑪要懂得人情世故。对客户的一些不合理要求，也要容忍和考虑。	

五、我的具体规划

1. 学生时期目标

（1）职高时期

时　间	目　标	实现方式	步　骤
高一	考取计算机等级证书	能够实践老师所教的知识。	①报考。 ②上好每节计算机色彩程序和其他课程，认真参加计算机实习。 ③强化计算机操作训练。
高二	①能够学会利用计算机进行基本设计②学会动漫制作	①努力做好老师所布置的练习，课后多复习。 ②在动漫方面多练习、多绘画，不懂的多问老师。多参加一些关于动漫知识方面的活动。 ③学好软件。积极参加一些比赛、测试等。	①学会素描。 ②学会用电脑画一些创新的 Q 版人物。 ③只要自己尽心尽力，能力一定会得到提高。努力做到每个阶段都有切实的自我提高。多操作、多绘画、多创新、多花时间，努力认真地独立思考，探索观察电脑游戏设计的方法。
高三	①能做一名优秀的设计者②软件操作师	①上好每一节课，做好每一份练习。 ②积极探讨各学科的学习方法，找到一种最适合自己的学习方法。	①制定各学科学习目标。 ②坚持强化英语训练，每天听一小时录音。 ③按计划完成每天的学习任务。 ④多看课外书，加强写作能力。 ⑤不断调整学习方法，优化学习方法。 ⑥做到劳逸结合，每天要给自己 30 分钟散步的时间，保持身体健康。 ⑦学会自己为自己减压，调节好心态，提高学习效率。 ⑧打下扎实的基础。要经常了解计算机方面的最新信息。 ⑨实践经验不可以少。 ⑩了解计算机行业，有针对性地做好就业准备。 ⑪多看一些有关计算机方面的书籍。 ⑫多上网查一些教自己怎样在计算机专业有所发展的方法。

2. 毕业后的职业生涯规划

时　间	具体目标	行　动
2022—2025 年	开创游戏设计	①争取在工作中有优异的表现。 ②凡事务实创新，别人没有做的，别人做不了的，自己必须要能够做到。 ③不断地进修自己，根据当时的社会需要不断地加强自己的技能。
2025—2030 年	用 10～15 年的时间争取做到公司的经理	①掌握该专业纵向发展的途径，找出所选职业对职务的要求是什么，强化自身业务能力。 ②积累各方面经验，成为公司的计算机强者。 ③当好管理者，用业绩来证明自己的价值。一是要坚持做事细心，有拼劲，有责任心，与同事保持良好的人际关系。二是要知人善用，招聘员工时要亲自挑选。 ④不断提升自己的信誉度。
2030—2040 年	用 8～10 年的时间开创自己的事业，成立自己的公司	①建立自己的公司。 ②开创自己的品牌。 ③用现代的最新的管理理念来打造公司的品牌。 ④打造一流一体化的计算机。
2040 年以后	①为自己的梦想继续奋斗 ②在原先的基础上不断地迈进 ③为自己的事业不断奋斗	①把缺点当特点，把特点当卖点。 ②扩大企业投资。 ③加强与外界企业的合作，获取更高的利润。 ④做公益事业回报社会，如捐款给孤儿院、建立学校。若还有能力的话，就建立公益基金，帮助需要帮助的人，资助需要资助的人。争取实现个人财富取之社会、回报社会的人生信念。

加油！加油！加油！！！

我的这份职业规划已然告一段落，然而，我真正的人生才刚刚开始。现在我要做的就是，必须保证自己向目标迈出的每一步都踏实，朝着这个目标前进，坚持不懈地前进！胜利终会到来！

为了明天笑得更好

——谢素云

陈村职业技术学校 　　商务英语专业 　　指导老师：徐珊妮

10.

为了明天笑得更好

——成为一名高级翻译员

学校：陈村职业技术学校

专业：商务英语

作者：谢素云

指导老师：徐珊妮

引　言

不少人都曾经这样问过自己："人生之路到底该如何去走？"记得一位哲人这样说过："走好每一步，这就是你的人生。"每个人都在计划自己的人生，都在实现自己的梦想。梦想是一个百花园，我只是百花园里的一根小草，可小草也有一个大理想，于是我在这里畅想一下自己的职业生涯！

一、规划人生，了解真实的自我

我就是我，一个真实的我，有血有肉，有情有爱，懂得珍惜。我长相一般，平平淡淡，只是一朵含香的茉莉花。我要努力让自己充实，开心过好每一天。我愿意推销自己，我愿意让更多的人了解我。

二、生活中最真实的自我描述

1. 生活环境

在我的成长历程中，生活环境对我起着潜移默化的作用。我出生于知识分子家庭，我的家庭充满了欢声笑语，这有利于我的个性发展，因此我活泼乐观，积极向上。在学习上，姐姐对我的影响非常大，她的英语很厉害，现已去英国留学。在我的眼中，她是个优秀的姐姐，她一直是我的目标。另外，在我的心目中，姑姑是那样的慈爱，她多才多艺，最重要的是，她能够通过正确的途径，培养我的兴趣爱好。我就是在这样的环境中，幸福地生活着。姑姑对我的期望也非常大，她希望我未来成为一名优秀的翻译员。

2. 我的学校

学校是我汲取知识的天堂，学校的环境给了我条件。我很庆幸我所在的学校是全国重点职业技术学校，是专业技术人才培养的摇篮。学校里面

有高素质的老师、先进的设备和良好的校园环境。而更庆幸的是我进入了商务英语专业班，精通商务英语，就可以在涉外机构、外资企业、银行、保险、海关、边防、新闻出版、教育、科研、旅游等部门从事翻译、研究、教学和管理等工作，同时也可以选择留学、考研或到国外就业。中国自从加入 WTO 以来，已经迈开了国际化步伐，慢慢向国际接轨。随着改革开放的进一步深入，英语类人才将越来越走俏。

3. 社会环境

"适者生存，不适者淘汰"，这就是当今社会。我要主动适应社会环境的变化，积极参与社会竞争。社会是残酷的，竞争非常激烈，知识、能力、品格成为人才竞争的关键。虽说现在的我还未踏入社会，但是从很多方面，已经感觉到社会的压力了，所以我必须尽早做好职业生涯规划，寻找一个适合自己的社会角色。

4. 真实的我

气质：我是一个活泼开朗的女生，比较有亲和力，善于与人沟通交流，能够很快地适应社会环境。大胆是我的本钱。

兴趣：受姐姐的影响，我比较喜欢舞蹈、运动，特别喜欢英语，它能给我带来自信、快乐。

优点：自信、坚强、创新。具有一定的管理能力，能够很好地处理突发事件，具有良好的领导能力，较强的集体荣誉感。我对我的未来充满自信。

缺点：做事没条理、拖拉、容易情绪化，这些是我最大的缺点。我已经意识到这种坏习惯让我错过了很多发展的机会。我现在就要下定决心改正，因此我很认真地做好职业生涯规划，以弥补缺点。

5. 生活小插曲

我和老师

我的好同学

舞蹈训练

我美丽的家乡——韶关

大合唱

商英一家

6. 我的价值取向

我具有创新意识，追求成功，重视旁人对我的评价，能抓住机会，善于运用自己的智慧，解决困难。我希望通过自身的努力，提升自己的社会地位，得到社会的认同，成为女强人。

7. 现在的我与将来的差距

我最终的目标是成为一名翻译员，我的英语基础和语法能力较强，现已考取全国公共英语一级证书。但现实的我离翻译员还有一定的差距。首先在学历上存在一定的距离，但是我会努力地学习英语知识，争取能够拿到商务英语二级证书。我相信我会努力奋斗，凭着自己执着的信念向着自己的目标一步一步靠近。因此，我必须给自己做一份职业规划，给自己一个合适的目标。

三、探索我的职业，寻找我的机遇

1. 对专业的认识

我学习的是商务英语，这个专业是我校的特色专业。它所开设的课程有：新概念英语、基础听力、口语、商务英语等，另外还有国际贸易、仓储与配送、市场营销等商贸物流课程。随着我国经济的快速发展，国际上的合作往来越来越频繁，英语专业是很有发展前景的。选择此专业对我来说，发展空间特别大，更能显示我的优势。

2．我的优势

（1）初中担任学生会主席、文娱委员，策划组织了校级的文体活动。在职校期间，担任广播站成员、舞蹈队队员和校园小记者，另外还担任班长，协调组织能力较强。

（2）学习刻苦，努力掌握专业知识，大胆说英语，为人豪爽，富有激情。

（3）具有一定的英语水平和口头表达能力。工作勤奋，原则性强，能大胆创新，富有冲劲。

3．我的成绩

（1）2010 年 9 月，在军训中被评为"军训先进个人"。

（2）2010 年 11 月，被评为"陈村镇校园优秀干部"。

（3）2010 年 12 月，在职业生涯演讲中获得一等奖。

4．我的竞争对手

虽然我的专业知识和技能较为扎实，但目前我的学历水平仍较低。我的竞争对手主要是大学英语专业毕业生。现在的大学生越来越多，这就要求我积极奋战，储备好知识，不怕吃苦，勤奋努力，认真学习专业知识，提高自己的综合能力。

5．我的职业偶像

我有着比较远大的目标，并且坚信能够实现。我想成为像李阳那样出色的人。他是疯狂英语的创始人，是我心目中崇拜的偶像。也许我不会像他那样出名，但是我会学习他的那种精神，不断地去奋斗，为自己的目标去努力，成为一名优秀的翻译员。

6．对所选职业的分析

◇翻译员的前景

中国外语类人才的需求与日俱增，就业前景是乐观的。更为重要的是，在我国与世界经济贸易接轨并不断发展的前提下，对外语尤其是英语专业人才的需求不断增长，这包括英语翻译、英语教育、英语日常运用等方面的人才。

◇翻译员所要具备的条件

（1）扎实的语言基本功：口齿清晰，有良好的语音语感、灵活的表达能力等。

（2）广博的知识面：专业知识、社会常识、法

规政策常识、语言文化背景知识、百科知识等。

（3）良好的心理素质：有自信心，有胆量，不怯场，从容大方。

（4）良好的职业道德：热爱翻译事业，有严谨的工作作风，有强烈的责任心，有良好的服务意识，具有团队合作精神。

四、我的职业发展阶段

（一）阶段规划

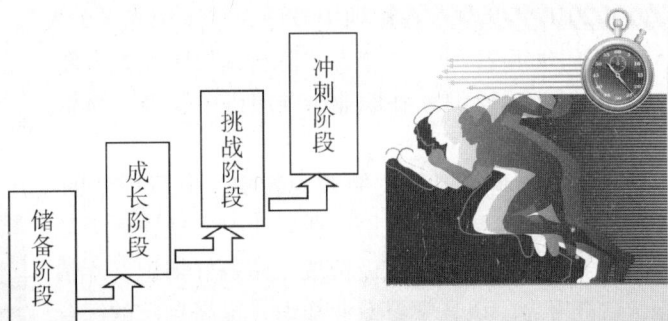

（二）具体实施

储备阶段 （职校期间：2010—2013 年）

知识提升：在校认真学习专业知识，一步一个脚印地打好基础，在专业知识方面下工夫，使自己的英语知识和商贸知识更加扎实。现在我已经成功考取了全国公共英语一级证书，计划继续考取国际跟单员证、计算机一级证书等。二年级时考取英语二级证书、商务英语一级证书。三年级考取商务英语二级证书。

能力训练：积极参加各项活动来锻炼自己，全面发展，从一点一滴的小事做起，积累足够的经验。在校担任广播员、舞蹈队队员、班长、校园小记者，以提高自己的综合素质。同时提高自己对专业的见解，强化专业实操能力，加强语言表达能力，强化沟通协调能力。

社会锻炼：我很庆幸，我的家人能给我锻炼的机会，我每个假期都会去姑父那里实习，姑父的公司有翻译员，我可以跟着他学习，积累经验，学会与客户打交道。相信三年后，我的知识、经验都会得到积累，这将为我成为翻译员打下一定的基础。

成长阶段 （大学期间：2013—2016 年）

学历提升：我会继续学习，在职校三年级时通过自主招生考入本科院校，继续深造，进一步加强对文化知识与专业知识的学习，考取大学英语四级证书和六级证书。

能力训练：争取成为大学的学生会主席，参加大学的各种活动，保持积极向上的心态，在大学四年中广交善缘，形成一定的人脉网，积累更多经验。

社会锻炼：在大学四年中，我会利用假期去酒店实习，进一步了解更多的商务知识，与外国人多交流，逐步形成一定的口语交流能力。

挑战阶段 （职业发展期：2016—2029 年）

第一步：成为一名初级翻译员（2016—2019 年）。

行动：毕业后进入姑父公司工作，我愿意从基层做起，在工作中与人和谐相处。在这三年中，我会不断了解工作的流程，积累更多的社会经验，逐步从公司文员等较低的工作岗位转变为一名初级翻译员。

第二步：成为一名中级翻译员（2019—2024 年）。

行动：由于我专业知识过硬，并且吃苦耐劳，很快我被提升为中级翻译员，能有更多的机会和外国人交流了，接触的知识面更广了，视野也更开阔了。成为中级翻译员后，我仍不断提高自己的实力，并不断自学各种所需的知识。

第三步：成为一名高级翻译员（2024—2029 年）。

行动：通过考试，取得国际贸易方面的证书，具备了一定的实力与经验，我已成为一名国内高级翻译员。在公司中，我的实力获得了大家的认可，且在各种社交中，我可以流利地与外商交流。

冲刺阶段 （职业成熟期：2029 年后）

如果说成为国内翻译员将是我人生的一次飞跃，那成为一名国外高级翻译员将是我人生的一次转折！凭着出色的专业知识、精湛的技能、丰富的职业经验，我已被调去国外工作，在英国我打开了属于我自己的一片天空。我不断接触国外精英，传播重要商业信息，从而使自己的英语更地道、专业知识更宽广。在这个过程中，我还需要不断地学习，积累经验，并在工作中取得了优异的成绩！

行动：深入国外积累一定的知识，处理好人际关系，提高自身的综合素质和道德修养，养成终生学习的习惯！

五、参加工作后对职业生涯的修订与调整

职业规划需要不断调整。俗话说："计划不如变化快。"一份成功的职业生涯设计需要时间审视内外环境的变化，并及时调整自己前进的步伐。目标的存在只是为我的前进指示一个方向，我是它的创造者，我需要根据不同时间和不同环境及时地予以修订。21世纪是知识经济时代，知识更新极快，我必须与时俱进，不断更新知识，时时审视自己的生涯资本。

六、职业生涯总结

设计职业生涯方案对于我来说，是一个明确自己发展目标的过程，我喜欢这份工作，我相信一个有目标的人，不管多平凡，只要拥有信心和信念，并付出比别人更多的努力，那就一定可以走上成功之路！

结束语

一个人的一生是有限的。人生能有几回搏，此时不搏何时搏？我们要抓住身边的每一个机会，来实现自己的人生价值。一个人的一生一定要过得有意义，一定要让自己在有限的年华里有所回味。一个人活着就是要做有意义的事，而做有意义的事就是好好地活着。生活的本质不是索取而在于奋斗！为了让自己的明天笑得更好，我从现在起就开始努力、拼搏，我相信自己的明天一定会更好！

——何国旺

陈村职业技术学校　　　模具设计专业　　　指导老师：易　梅

11.

我的模具人生

——成为一名模具设计师

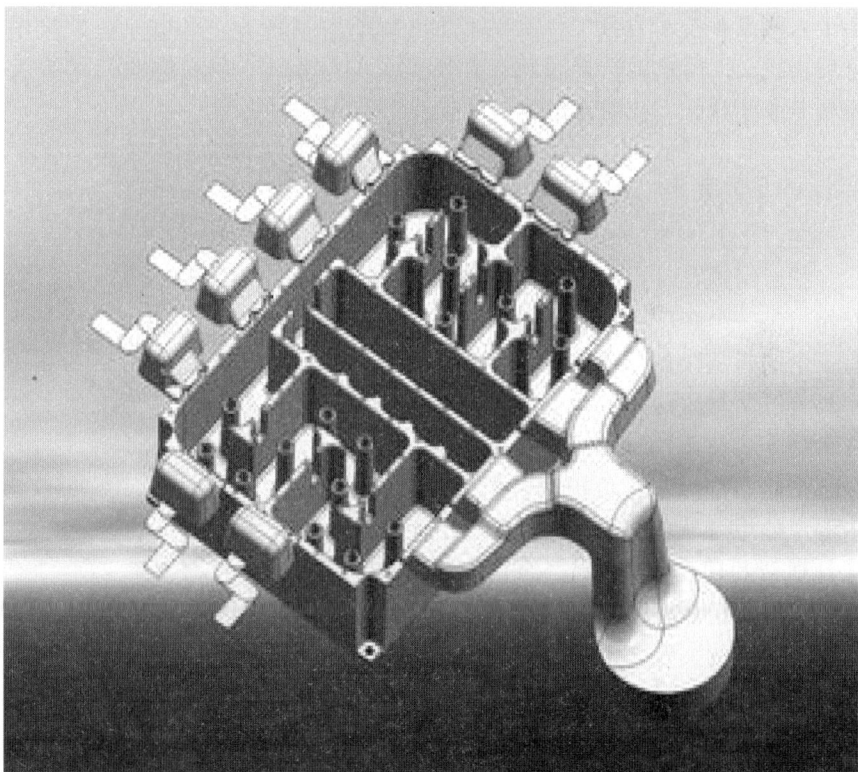

作者：何国旺
所在学校：陈村职业技术学校
指导老师：易梅

"模具"人生之缘

我是一个在广东长大，却没有广东户口的广东顺德陈村人。中考成绩出来，我的成绩达到普通高中录取分数线。但因为户籍问题，我不能被普通高中录取，如果要选读普通高中，需交数目不菲的"择校费"。我心里纠结，一个暑假郁郁寡欢，眼前总是闪现父母没日没夜地工作的瘦弱身影。因此，我暗暗拿定主意不读书，出去打工，当我父母知道我的想法后，他们发动全家人来说服我，又打电话给我初三的班主任，想办法来劝说我读普通高中。而我也深知父母良苦用心，只想我多读点书，让我不要像他们一样只会干一些没有技术含量的体力活。为了减轻经济压力，在收集、了解相关信息后，我义无反顾地选择了我现在所就读的学校——陈村职业技术学校机电模具专业。就此，我的人生就与"模具"结下不解之缘。

"模具"人生主客观因素

我，何国旺，户口在湖南省永州市的一个小农村，是一个在广东顺德陈村长大的湖南人。我有三个姐姐从小就留守在农村老家。只有我，没有离开过父母，跟随父母打工，小学一年级起就在顺德陈村就读，父母把全部的爱都给了我。如今三个姐姐都嫁了，负担没有那么重，但我父母内心深处想得最多的就是我，他们不仅供我读书，还计划帮我建房娶媳妇。父母的爱，恩重如山，对此，我铭记在心。

全家人的关爱，也塑造了我活泼、开朗、为人直率的性格。我喜欢拆装一些东西，有段时间我还成为一个四驱车迷，整天在家拼装四驱车，我喜欢听音乐、打篮球、外出散步。心情不好时，我喜欢一个人骑自行车到处转悠。平时与人友好相处，但做事时有自己的独特见解，不喜欢被家长管得太严。对于一些不懂的东西喜欢刨根问底。想事情的时候不喜欢别人打扰。做任何事都认真负责，感兴趣的事无论如何我都能坚持。兴趣是最好的老师，我深信这句话。随着对专业的深入学习，我对机电模具设计越来越感兴趣。

"模具"人生就业前景

"十二五"发展热点：低碳经济、绿色模具制造、现代模具制造技术与开发、新材料应用等。"十二五"期间，我国模具产业将会有一个很好的发展空间。广东省模具工业发展更加飞速，成为"中国模具第一大省"，目前珠江三角洲地区的模具产业规模约占全国三分之一，但模具工缺口已经超过 10 万。模具工业是机械制造的主要产业之一，也是国家鼓励外商投资的一大产业。随着入世后制造业中心向中国转移，模具产业有望迎来 30% 的增长。广东省模具工业协会有关人士指出，全省模具企业已有 60 000 家以上，对模具专业技术人才，尤其是高级的模具专业人才需求很大。而在广东东莞等地，一位经过专业训练、有工作经验的模具设计和模具制造技术人员，年薪常常超过 10 万元。

"模具"人生目标定位

志存高远。在人生起步的时候，立志必须高远。要学雄鹰展翅飞，不效燕雀安于栖。只有这样，才能激发我生命的潜能，步步为营，逐渐走向辉煌。

职业类型：技术型

职业定位：模具设计师

职业路径：一线岗位操作工——模具设计部门简单模具的设计员（辅助设计）——模具中级工——模具高级工——模具设计师。

就业地区：中职毕业后打算在珠三角地区找工作，不断学习，掌握先进的模具专业技术。

"模具"人生行动计划

把握当下。昨日如流水，一去不回头，对过去空流泪、徒伤悲，不但于事无补，反而会消沉了意志，浪费了精力。而不可及的明日，太空洞缥缈，不可捉摸。正确的方法就是关注现在，把握当下。只有这样，你才能有所作为，不负此生。

时间	阶段目标	实施途径
2011—2014 年	第一学年： 1. 获得 CAD 辅助画图中级证。 2. 竞选班干，担任班干部。 3. 参加学校创新社团，并拿到创新奖。 4. 参加义工活动。 第二学年： 1. 成为模具中级工。 2. 考取英语二级证。 3. 考取计算机一级证，学习 Pro/E，UG。 第三学年： 1. 中专毕业。 2. 多参加社会实践，提升自己对社会的认识。 3. 考取 Pro/E，UG 中级证。	知识学习： 1. 掌握机械制图、计算机辅助绘图（Auto CAD）、公差与配合知识。培养一定的读图能力、绘图技能以及尺寸标注能力。核心是培养自己读图与绘图的基本能力，为后续课程的学习以及毕业后的工作实践打下基础。 2. 认真学习各门课程，不懂就问。参加模具中级考试，多向专业课教师和学长们请教。认真复习大专对口升学考试的内容。本阶段的学习重点是提高学历层次。 能力提升： 1. 在车间实际操作时，严格遵守车间规定，认真做工件，勤于向老师和师傅请教，力求学到更多的知识和技能。 2. 参与竞选班级学生干部，学会处理与老师、同学的关系，主动多说话，克服自己粗心大意、耐心不足的缺点。 社会实践： 1. 在制图、钳工工艺、电加工工艺、机加工工艺以及模具设计与制造理论课的基础上及老师的指导下，自选课题，自己动手从设计绘图开始备料，机加工、电加工，组装模具，上机试模，制作出冲裁模具、拉延模具等类型冲压模具和注塑模型腔模具。 2. 参加学校及镇、市举行的模具比赛。 3. 假期到顺联机械城打工，提高自己的语言表达能力。课余时间积极参加体育锻炼，坚持长跑。

（续上表）

时间	阶段目标	实施途径
2014—2018 年	学历目标： 获得大专学历。 职务目标： 1. 成为一线岗位操作工。 2. 成为模具中级工。 技能目标： 1. 考取模具中级证。 2. 考取制图员高级资格证书。	1. 父母年老，所以中职毕业就找工作，但决不放弃继续学习的机会，并利用业余时间考上广东机械大学的机电专业，取得大专学历。 2. 在机械公司从操作工做起，在工作岗位中学习技能并获得经验，发挥自己的才干，熟练专业技能，同时参加职业培训，考取制图员高级资格证书。 3. 加强人际沟通，建立良好的人际关系，在同事中树立一个友善的形象，以便自己在升职时，得到广大同事的支持。积极参加企业各项活动，为企业争得荣誉。 4. 生活中多与自己的家人进行心灵沟通，注重工作与家庭的关系，保证家庭和睦。 5. 在熟悉机械设备及操作的基础上，进一步扩展自己的专业理论知识，积累实践经验，提高自己的综合素质及管理能力。努力为公司服务、打拼，得到老板肯定。在职位上要提升为模具中级工，空余时间多与公司的前辈聊天，从他们身上积累经验，不断地充实自己。工作之余，多与自己的同事进行沟通并尽力为他们提供帮助，做到相互了解、彼此信任。

（续上表）

时间	阶段目标	实施途径
2018—2024 年	职务目标： 成为一名知识技术型模具高级工。 技能目标： 获得模具高级证。 能力目标： 工作业绩突出，学会处理好各种人际关系。	1. 在大型的公司，更好地发挥自己多年的工作经验，努力做好每项工程，得到老板与同事的欣赏，并学习和运用现代最新的技术理念来开展工作，使自己在技术上有一个全面的提升。 2. 向工厂有经验的师傅和同事们学习实践技能，同时在工作中大量阅读书籍，不断增加自己的知识储备，不懂的地方向原来的老师和工厂的前辈请教。 3. 尝试参加一些技能比赛，通过比赛了解外界同行的技能水平，不断提高自身技能。加入或培养一个工作团队，和同事们处理好关系，发挥团队优势，共同进步、提高。 4. 具备分析、解决有关模具及其制品成型工艺技术问题的能力和生产现场管理的能力。
2024—2028 年	学历目标： 获得本科学历证书。 职务目标： 成为企业或工厂的高级技术人员。 能力目标： 取得技师职称。	1. 参加技师考试，将自己工作几年的知识积累和技能积累提高一个层次，参加自学考试或者成人考试，提高自己的学历层次，使自己在模具道路上不断前进。 2. 参加全国技术性比赛，不断了解国内外模具动态，进行科学研究。 3. 与时俱进，掌握最新的信息。不断学习最前沿的机械制作软件，成为有经验有创新能力的复合型人才。 4. 成家立业，让父母晚年生活安逸。

人的一生中，有许多无法预料的苦难悲伤，最可怕的是人的萎靡不振，这正是许多人失败的原因。在每个人的一生中，无论你从事何种职业，面对何种际遇，只要你永不气馁，我相信不管是你的人生，还是我的"模具"人生，一定会有成功的那一天。

放飞梦想，翱翔天际

————李伟汉

陈村职业技术学校　　　**商务英语专业**　　　**指导老师：周 才**

12.

放飞梦想，翱翔天际

—— 成为一名出色的外语导游

立足现在，胸怀未来！

学校：陈村职业技术学校
作者：李伟汉
指导老师：周才

前　言

　　"希望本无所谓有，无所谓无的；就像地上本没有路，走的人多了，也便成了路。"鲁迅先生说。每个人都要走漫漫长路，如果不去规划、不去准备，不去设计的话，根本不能放飞自己的梦想，不能飞翔在成功的天空中。21 世纪，社会发展一日千里，人才竞争尤为激烈，漫无目标地寻找前路，看到的只是远方的迷雾，我要用积极的心态尽早规划我的职业生涯，打造属于自己的一份精彩，有了拼搏的目标，相信成功离我并不遥远！其实我们每个人都能成功，只要把自己放在合适的位置，在合适的时间，做合适的事情。

一、自我分析

　　1. 个人特质分析

　　我是一个活泼开朗的男孩，做事充满活力和热情，从小就渴望成为一名导游，游遍祖国的大好河山。我的英语口语较好，渴望着用英语与不同国籍的人进行交流。作为班干部，我能协调好与同学们之间的关系，人际关系良好，组织、协调能力较好。

　　2. 职业兴趣与职业能力分析

　　为了进一步认清我是属于何种类型的人，初步确定个人未来数年内适合从事的工作岗位，我在指导老师的帮助下，认真完成了《霍兰德职业倾向测验量表》，初步得出了自己未来的职业取向。以下为测验的结果：

　　心目中的理想职业：外语导游、翻译人员、中学教师

　　感兴趣的职业活动排序（前三项）：S 型、C 型、I 型

　　综合以上分析，我为自己定下的职业目标是成为一名出色的外语导游。

二、职业环境分析

　　1. 就业环境分析

　　广东离香港、澳门很近。30 年的改革开放使我所在的佛山市顺德区有了翻天覆地的变化。近几年来，顺德区大力发展第三产业，特别是旅游业，和

"两岸四地"的现代农业一起催生了我们当地的农业生态游，越来越多的国内外客人纷纷来顺德区投资和观光旅游，这对想成为一名外语导游的我来说是个不可多得的机遇，为我提供了较好的就业环境。

2. 家庭环境及学校环境分析

我的家庭属于小康型家庭，虽不是非常富有，但也非常幸福和谐。父母都对我寄予了很大的期望，希望我考上大专继续修读旅游专业，实现自己的理想。我的学校是一所国家级重点职校，学校一直很重视"学会做人，学会做事"的办学概念，注重对学生实践能力的培养。这两年，学校加强校企合作，与很多大型企业共同合作开展顶岗实习，毕业生的动手能力逐渐增强。而我在校期间积极参加各种技能训练和集体活动，也为以后的就业打下了坚实的基础。总之，学校和家庭都在积极地为我的成长和成才创造条件。我要努力就业，实现自身的职业发展。

3. 职业前景

佛山祖庙

陈村花卉大观园

选择旅游就是选择快乐，旅游这个朝阳行业随着中国经济的发展也加快了发展步伐，特别是在经济发达的珠三角地区，旅游业更是迅猛发展，旅游已经成为人们日常休闲的最佳选择。据最新统计，广东至今还没有特级导游，中、高级导游分别只占全国的9.9%和4.4%，导游的整体素质有待提高。中、高级导游的缺乏，使许多旅游公司的运作成本加大，服务风险增加。由此可见，一名出色的外语导游，在名省广东有多么广阔的就业前景。因此我应该充分利用好家乡给我提供的这种就业机遇和优势，找到一条适合我自己的就业之路。

三、确立职业目标

出色的高级外语导游

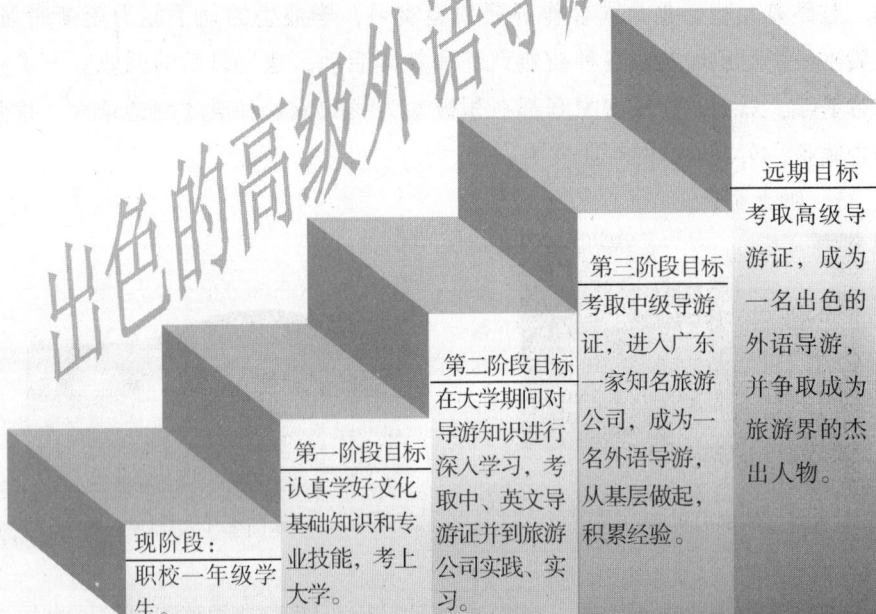

现阶段：职校一年级学生。

第一阶段目标
认真学好文化基础知识和专业技能，考上大学。

第二阶段目标
在大学期间对导游知识进行深入学习，考取中、英文导游证并到旅游公司实践、实习。

第三阶段目标
考取中级导游证，进入广东一家知名旅游公司，成为一名外语导游，从基层做起，积累经验。

远期目标
考取高级导游证，成为一名出色的外语导游，并争取成为旅游界的杰出人物。

实施时间	2012—2014 年	2014—2017 年	2017—2020 年	2020—2022 年

计划名称	总目标	计划内容
近期目标 （2012—2014 年）	认真完成职校阶段的学习，考上职业技术学院。	一年级期间，学好文化基础知识，每科成绩 85 分以上，并积极参加学校的集体活动。二年级时要学好外语，考取英语一级证书，成为学生会干部。三年级时要通过英语二级考试，提高自己的英语水平，参加导游业余培训班，通过自学参加每年两次的导游证考试；积极复习参加高考，考上好的职业技术学院。
阶段目标 （2014—2017 年）	在大学期间要考取翻译专业证书，通过英语四级，考取中、英文导游证。	大一和大二期间要达到英语四级水平，计算机方面要考到全国高级证。大三考到英语六级证书。大学期间能力培养非常重要，要使得各方面能力得到提高。
长期目标 （2017—2022 年）	用良好的品行和扎实的专业技能，在工作岗位上做出一番成绩，用五年时间成为高级导游。	毕业后两年以积累经验为主，先做一名普通导游，在带客人游览的过程中逐渐积累经验。同时，努力考取高级导游证，不断提升自己。扩大社交圈子，形成良好的人脉网。之后的三年要成为公司的高级导游，成为公司的标杆人物。

四、我的具体计划与实施方案

1. 第一阶段计划与实施方案

（1）2012 年开学初，在外语的学习中，努力弥补口语方面的不足，每天早晨六点半朗诵课文半小时，中午和晚上均利用休息时间背 15 分钟单词，晚上还要用 45 分钟听课文和复习各科功课。

（2）2012年6月参加中职学校学生职业生涯设计比赛，熟悉职业生涯比赛内容，多请教老师与同学，多上网查找资料，写出一份有水平的优秀作品，争取进入全国比赛。

（3）2012年9月，竞选学校学生会干部，认真帮助老师工作，认真完成老师布置的每一项任务，争取成为"市三好学生"。

（4）在此期间我要到外资企业做兼职，争取机会用外语与同事交流。周末参加外语培训班，提高口语能力。

（5）在三年级认真复习，重点学好语文、数学、英语三科，查漏补缺。注意复习环节的学习方法，保证每次月考平均分在110分以上，以总分330分以上考上好的职业技术学院。

2. 第二阶段计划与实施方案

（1）2014年9月到2015年7月，熟悉大学生活，培养自学能力。参加大学生社团，虚心请教老师，以旅游专业为主攻方向，建立起牢固的知识架构。

（2）2015年9月到2016年7月，考取英语三级证书，积极参加社团活动，培养自己的组织协调能力和团队合作精神。

（3）2016年9月到2017年6月，报名参加导游培训班。学习旅游业基本常识及中国旅游概况，还要自学心理学，学会如何应用心理技巧"征服"每一个游客，为从一个普通人变成一个充满个人风采和魅力的导游做好准备。

（4）通过技能培训后，考取中、英文导游证，利用节假日做兼职导游，带团出游，积累职业经验，又提升自身素质。

（5）留意学校就业中心、人才交流中心等重要求职渠道，找到适合自己旅游专业的旅行社工作。

3. 第三阶段计划与实施方案

（1）2017年7月起，我要努力争取进入市著名旅行社工作。以三年为成长期，从基层做起，做一名普通的导游，积累好在旅游业界的工作经验和人脉关系，为以后的提升打好基础。

（2）边工作边学习，自学考取中级导游证书及出国领队证。

（3）熟悉导游带团的每个工作环节和导游带团的注意事项，学会导游应急解决办法，培养自己解决问题的能力。

（4）在带团的过程中，学会运用不同的讲解方法给不同的游客讲解，提高当众说话能力和演讲口才能力。

（5）自觉遵守导游道德规范，在单位中做到爱岗敬业，诚实守信，踏踏实实做事，尽量做到德才兼备。与公司同事维持和谐的人际关系，扩大社交圈子，形成良好的人脉。

（6）工作五年后，考取高级导游证。为此，我要在工作中积极与上司沟通，培养上下级之间的说服管理能力，同时还要具备较高的职场沟通能力。

五、评估调整

事物总是不断发展变化的，人们常说"计划不如变化快"。面对许多未知的因素，我的职业生涯规划要做到与时俱进，灵活调整。如果我能按照规划顺利完成角色的转变，我会坚持原定的发展方向，进一步完善原有的发展措施。但如果发现原定的规划与实际不符，我会重新审视我自己，重新分析发展环境，修正发展目标，从而达到最终的人生目标。

六、结束语

以上就是我的十年职业生涯规划。不是所有人都能拥有顺风顺水的人生的，在打造这份计划书时，我就知道我将来面对的人生路并不完全如规划中的理想，但无论如何，我会用我的辛勤耕耘，在未来闯出一片天地。我是一个奋斗者，放飞梦想后，我会用我自强不息的追求构建梦的殿堂，我相信，总有一天，我会翱翔在职业生涯的天空之中！

规划未来 让梦想照进现实

——梁雪钚

陈村职业技术学校　　物流技术应用专业　　指导老师：梁丽媚

13. 规划未来，让梦想照进现实
——创办一家物流运输公司

参赛学校：陈村职业技术学校
所学专业：物流技术应用
参赛学生：梁雪钚
指导老师：梁丽媚

前 言

一个不能靠自己的能力改变命运的人，是不幸的，也是可怜的，因为这些人没有把命运掌握在自己的手中，反而成为命运的奴隶。人的一生中究竟有多少个春秋，有多少事是值得回忆和纪念的？生命就像一张白纸，等待着我们去描绘、去谱写。

作为职业学校学生，若是带着一脸茫然，踏入这个拥挤的社会怎能满足社会的需要，使自己占有一席之地？有了航线，我们才不会偏离目标，更不会迷失方向，才能顺利和快速地驶向成功的彼岸。"人生犹如旅途，但它只有单程票，没有回程票。"

因此，我试着为自己做一份有用的职业规划书，将自己的未来好好地规划一下。有了目标，才会有动力。

自我分析

职业兴趣：本人喜欢听音乐、看电影、打羽毛球等，最喜欢的就是外出旅游，因为可以开拓自己的视野，能够了解外面的世界有多么精彩灿烂。

职业能力：我认为我自己的职业能力一般，有待提高，但在沟通能力、语言能力和学习能力等方面有优势。

职业性格：工作时喜欢指导他人做事多过自己做，在人多的场合里更加乐于表现自己好的一面，职业性格是自我表现型、变化型、独立型和劝服型。

个人优缺点：责任感强，人际沟通能力较好，适应能力强，有冒险精神，组织能力也比较强。但我的情绪波动较大，有计划，但实施情况不好。

职业价值取向：我觉得成功做完每一件事情之后都会特别兴奋，很有成就感，付出就有回报是多么美好的事情。

专业方向：现在我学习的专业是物流技术应用。我对物流管理和市场营销有很大的兴趣，会多去了解它、熟悉它，再慢慢发展。

环境分析

家庭环境分析：一家四口的幸福生活给我创造了很好的生活环境，家人的支持是我前进的动力。父母都是白手起家的生意人，有固定的收入。哥哥从事小车改装行业，听了我的规划后，表示很支持我的理想，同时也希望我能好好努力，坚定地一步一步去实现自己的人生目标。我坚信有了强大的后备力量支持，我将来一定能成功。

学校环境分析：我们学校是全国重点职业技术学校，是国家重点人才的培养单位。学校采用精细德育化管理，这里有很多高素质的老师，还有投资过千万的实训中心，实训中心内全是良好的先进化设备。学校还专门建了一栋实训楼，实训楼一共有五层，一、二层是物流供应链的实训中心，三、四层是物流信息实训中心。有这么好的学习环境，我的物流专业知识和技能一定会大大提高。

流通加工作业

仓储盘点作业

行业环境分析：物流在我国国民经济中占有很大比重。国内不少物流业界人士，包括物流学专家、北京物资学院教授王之泰也认为，在我国8万亿的国民生产总值中，数万亿元的工农业产品最终都要进入物流领域，因此这个市场是相当巨大的。

区域环境分析：目前以商贸物流业为主的第三产业已占了陈村经济总量的40%，形成了以花卉世界、顺联国际机械城为基地的实力雄厚的花卉、机械物流基地。

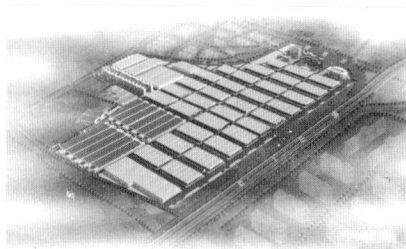

力源（金属）物流城

陈村政府还引进了全国首个农业保税物流基地——广东农贸综合保税物流中心，其首期工程广东国通物流城已开业。政府致力于把商贸物流业作为经济发展的重点，致力于将陈村发展为珠三角的中心物流枢纽。

陈村商贸流通业的良好发展趋势，也是机械产业的支撑之一。不仅如此，陈村还地处广佛、广珠的交通要道，多年来借花卉博览会亦已形成浓厚的商贸氛围，商贸流通业与制造业的对接，在现代化交通网络中顺理成章。

国通物流城海峡两岸储备冷库群

国通物流城德邦物流项目

花卉产业的发展带动了物流行业的前进。相信这也会给日后商贸物流经济带来不可估计的经济效益，所以，将来对物流行业的人才需求也会越来越多。

职业定位

"有志者事竟成"。只有在目标的指引下，方向才能更加清晰和明确。

职业目标	创立一家物流运输公司
发展策略	1. 在职校学好物流知识，考取物流员资格证书。 2. 充分利用校园环境及条件优势，认真学好专业知识，培养学习、工作、生活能力，全面提高个人综合素质，参加助理物流师资格认证。 3. 接触社会后，在物流基础岗位工作，积累工作经验。在工作期间，充分利用空闲时间为自己补充所需的知识和技能。 4. 到一家外资物流公司学习丰富的管理经验和先进的科学技术，充分利用公司给员工提供的培训机会，尽快考取物流师证。 5. 取得高级物流师资格证后，进入行业管理层，参加公司决策。与公司的合作人和谐相处。 6. 最后创办一家属于自己的物流运输公司，根据市场的供需情况来经营自己创办的公司。
具体路径	在校学习→助理物流师→物流师→高级物流师→创立一家物流运输公司

实施战略

　　美好的梦想不是那么轻易就能实现的，这需要很多的努力，所以我们必须要规划好自己的发展阶段。为此，我将我的职业规划分成了五个阶段：

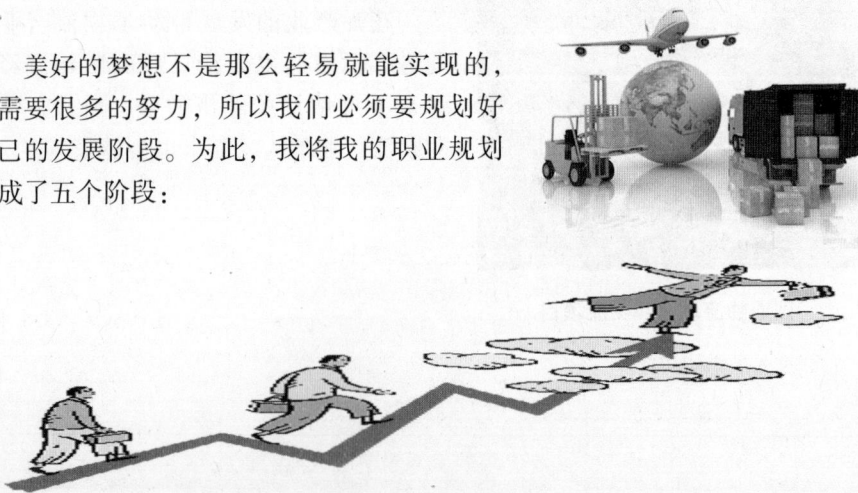

13. 规划未来，让梦想照进现实

——创办一家物流运输公司

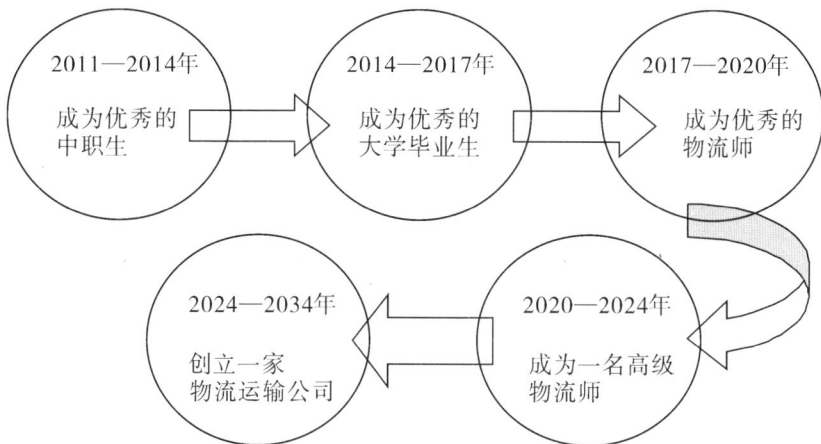

具体实施方案

第一阶段：成为一名优秀的中职生

2011—2014 年

目标	在高一时，考取全国英语一级证书和计算机一级证书，打好基础。到高二时，考取物流管理员资格证书，努力学习。高三冲刺，考取理想的大学。
措施	• 上课认真听讲，做好笔记，利用课余时间多复习功课，当天的作业当天完成，按时交作业。 • 平常多看一点有关英语的书籍，尤其是英语阅读方面的书籍，提高自己的阅读能力。 • 周末多练习打字，提高打字速度，多看看关于计算机方面的书籍。 • 多看看关于物流方面和管理方面的书籍，丰富自己课外的知识。同时，必须要多练习、多实践。 • 遇到问题，先思考，再问老师或同学，虚心请教。 • 发扬自己的优点，同时努力改正自己的缺点，做一名品学兼优的学生，争取考上理想的大学。

第二阶段：成名一名优秀的大学毕业生

2014—2017 年

目标	考取英语四级证、物流助理师证和计算机二级证。在大学里边读书边学习关于物业管理的技能。认真学习知识，为自己的前途铺好路。
措施	●买有关英语的教材，多读、多做、多讲，考取全国英语四级证书。 ●每天抽出固定的时间练习上机操作，把每一个知识点研究透彻，使自己完全掌握，并能够充分熟练地运用，确保计算机二级考试拿高分。 ●到企业去实习并积累工作经验，向物流师学习专业知识，向领导学习管理技能。关注物流行业的发展动态，认清自身与目标的差距，扬长避短。 ●在假期，找一份兼职做，锻炼自己。利用课余时间参加一些招聘会，了解企业所需要的技能，做到知己知彼，百战百胜。

第三阶段：成为一名优秀的物流师

2017—2020 年

目标	考取物流师资格证书。
措施	●在一家物流运输公司工作，从基层做起，认真向老物流师学习技能。 ●在工作中不断积累丰富的经验，培养自己吃苦耐劳的工作精神、成熟稳重的工作作风、认真严谨的工作态度、创新独到的工作理念。 ●了解物流在市场上的情况，再积累经验，不断地去练习，提高自己的水平和能力。 ●注意观察领导如何管理一家公司，如何与同事们好好沟通。

第四阶段：成为一名高级物流师

2020—2024 年

目标	积累经验，考取高级物流师证书。
措施	• 在工作中不断吸取经验，敢于创新，吃苦耐劳，积极钻研业务，成为行业的佼佼者，考取高级物流师证书。 • 努力工作，学习管理经验，提升自己的管理能力，向领导学习合理化配置和使用人才。 • 拓展客户来源，培养良好的客户关系，多和客户打交道。

第五阶段：创立一家物流运输公司

2024—2034 年

目标	创立一家物流运输公司。
措施	• 筹备资金、选好厂址，结合自己的工作技能，创办一家物流运输公司。 • 招纳贤才，合理化配置和使用人才，注重营造温馨的工作环境，多关心员工的工作和生活。 • 找准优势，对自己有信心，才能在今后的职业生涯中更好地"扬长"；找出差距，根据职业发展目标要求提升自己，才能及时"补短"。 • 加强员工的培训，使员工的知识水平和操作能力不断提高。

结束语

路漫漫其修远兮，吾将上下而求索。不经历风雨怎能见彩虹？我们要时刻保持清醒的头脑。

其实，每个人心中都有一座山，雕刻着理想、信念、追求、抱负；每个人心中都有一片森林，承载着收获、芬芳、失意、磨砺。

一个人，若要获得成功，必须拿出勇气，付出努力，然后不断地拼搏奋斗，直至成功。

机遇不相信眼泪，不相信颓废，不相信幻影，只相信爱打拼的人！我相信，"是金子，总会发光"。

追寻梦想的脚步……

美味人生

陈村职业技术学校　　　物流技术应用专业　　　指导老师：成晓丽

14.

美味
人生

——做一名高级中式烹饪技师

学校：陈村职业技术学校

班级：物流102班

作者：冯肖莹

指导老师：成晓丽

前　言

我为自己定下的人生目标是：将来我要做一名高级的中式烹饪技师。我会向着它出发，也会努力地去完成这个职业生涯规划里所说的一切。

在完成这个职业生涯规划里所说的之后，我要开一家属于自己、属于顺德的具有地域风格和特色的美食店。

一、自我认识

我这个人很嘴馋，看见能吃的东西，就想去吃。从爸爸妈妈让我自己一个人拿起铲子为自己煎第一个荷包蛋开始，我就变得更嘴馋，变得更爱吃东西了，也开始爱上了煮东西，即使煮出来的东西，别人尝了，觉得很难吃，自己却觉得好吃，因为那是我新创作的作品，花了我的心思。

自小爸爸和妈妈就喜欢尝试煮一些新的菜肴来为我们的家常便饭增添色彩，比如说三色蛋、荔枝汁浇鹅胸肉等，他们的新菜式养成了我嘴馋挑食的坏习惯，但他们的创新却影响了我，让我开始不甘心地想要超越他们，也正是他们，让我对厨师这个职业产生了兴趣。

正所谓，父母是孩子的榜样，父母的一举一动都会影响孩子的一生。

14. 美味人生
——做一名高级中式烹饪技师

职业性格

在这个学期的职业生涯规划课中，老师给我们做过很多测试，比如测试"你是哪一类型的人"、"你将来适宜做怎么样的工作"等。在那些测试中，我知道了自己属于多血型，性格特点是：活泼、好动，性格开朗，比较外向，敏感、反应迅速，注意力比较容易转移，兴趣爱好也很容易变换的人，适宜我这种性格的工作有很多。但我唯独对厨师这一职业情有独钟。我对气味非常敏感，味觉也是如此。

职业能力

在嗅觉和味觉上的敏感，是我个人的优点，也是我向这一行业迈进的基础，它能给我力量，也能使我前进。而且，厨师这个职业看似简单，但实际上是很难的，现在的我在父亲的影响下学会了一些厨师必有的基本功，如切、炒、煎、蒸等，我相信通过将来的专业训练，我的基本功会更上一层楼。

优势技能

我的优势技能并不多，脑筋也没有别人转得快，但是我能凭着我的努力和对厨师烹饪的兴趣，来实现我的职业生涯规划。

专业方向

我的专业方向很明确，就是做一名高级中式烹饪技师。

二、就业环境

区域经济特点

正所谓"民以食为天"，吃是人类每天最基本的需求，吃得营养、吃得开心、吃得健康，就是现代人所追求的饮食之道。近年来，顺德的经济飞速发展，各镇人民已经开始富裕起来了，特色小吃店、饭店和餐馆比比皆是。虽然顺德的餐馆、饭店有很多，但几乎每一家都没有什么特色。

因此，我要认真地完成这个职业生涯规划，在顺德开一家集聚顺德所有特色且有自己创新特色的廉价美食店，让所有人都能吃到只有富人才能吃到的东西，真正做到物美价廉。

行业发展动向

据有关资料表明，厨师人才紧缺，社会需求大，就业前景广阔。随着各地商圈的兴建，一些连锁品牌餐厅抓住机遇大举扩张，连锁店越开越多。中西餐厨师、日韩料理厨师等技能型人才开始紧缺，最为紧俏的是拥有超群厨艺的顶级大厨。

三、目标及措施

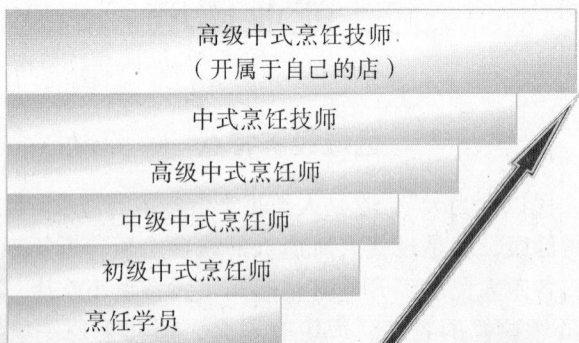

高级中式烹饪技师
（开属于自己的店）

中式烹饪技师

高级中式烹饪师

中级中式烹饪师

初级中式烹饪师

烹饪学员

14. 美味人生
——做一名高级中式烹饪技师

初级证书

中级证书

高级证书

技师证书

高级技师证书

阶段目标及措施

第一阶段

时间	目标	措施
2011—2014 年	获取英语一级和二级证及信息技术一级证	1. 在三年的学习时间里，认真学习专业知识，认真上课，多记、多读、多背、多操作，努力考取英语一级和二级证，还有信息技术一级证。 2. 在获得以上学习方面必要的知识的同时，我会努力地去学习厨师的基本功，比如说切、调味等，为接下来的目标打下更坚实的基础，在学习的同时，我也会不停地锻炼。这会对我将来开店、对店的管理有着重要的作用。

第二阶段

时间	目标	措施
2014—2018 年	获取厨师证、初级中式厨师证	1. 从学校出来后，到饭店或餐馆打工当烹饪学员。在打工期间，我会向有经验的师傅讨教、学习。 2. 利用工作的业余时间，在网上查找有关中式料理的相关资料，让自己更深入地了解中式菜肴。 3. 在家积极地去尝试操作，争取三年后能一次考取厨师证。 4. 考取厨师证后，积极参加有关烹饪技能的活动，比如美食节、厨艺技能大赛等，增加自己的经验，加深对中式料理的认识。

第三阶段

时间	目标	措施
2018—2023 年	考取中级中式厨师证	1. 利用课后的时间，在网上查找有关中式料理的相关资料，让自己更深入地了解中式菜肴。 2. 积极参加更多有关烹饪技能的活动，比如说美食节、厨艺技能大赛等，增加自己的经验与加深对中式料理的认识，感受烹饪过程带给我的美的享受。

第四阶段

时间	目标	措施
2023—2029 年	考取高级中式厨师证	1. 要考取高级中式厨师证就要做到对菜肴进行深入了解，熟悉菜的品种、贮存方式等内容，我会在这段时间里查阅有关资料，边实践边学习。 2. 在增加自己对菜的认识的同时，我要不断地创新锻炼，提高自己在切工、雕工、搭配等方面的技术。

第五阶段

时间	目标	措施
2029—2034 年	考取中式烹饪技师证、营养师证	1. 要考上中式烹饪技师需要很多条件，烹饪技术不但要好，而且要精通某一菜系的制作技术，还要了解市场需求。因此，我要不断地提高菜肴的制作水平、了解市场需求，还要提高自身的烹饪技术。 2. 要掌握菜肴的材料鉴别、保管、涨发等技术，因此我会通过阅读有关的书籍和在网上查找有关资料。在提高自己本身技术的同时，我还会读一些有关营养菜式的搭配的书籍，进入成人学校就读营养搭配专业，考取营养师证。

长远目标及措施

时间	目标	措施
2034 年后	考取高级中式烹饪技师证	1. 去大酒店进行锻炼，全面了解厨房的整个运作过程，不仅要学习厨师技艺，还要学习经营管理和提高技术管理工作能力，为将来创业打基础。 2. 通过练习，精通某一菜系的全部制作技术，并根据市场需求，对传统名肴进行改良创新，加上自己的创意，使其成为自己的招牌。 3. 全面掌握稀有烹饪原料的品种鉴别、保管、涨发、运用等制作技术；学习组织和设计大、中型高档筵席菜单，制作菜肴。 4. 在实践中了解中国烹饪史及烹饪概论的有关知识；熟知各国的风土人情、宗教信仰、饮食习惯；了解稀有烹饪原料的产地、特点、营养等方面的知识；掌握制作菜点中的原理、方法及解决技术难度等方面的知识，向有经验的大师傅学习如何根据饮食对象、总人数、要求、季节、价格标准等设计菜单；学习大型筵席菜单中的冷菜、热菜、点心的数量供应、菜品结构搭配、烹饪方法等方面的技能。

结束语

一个好的职业生涯规划能使一个人走向成功，但如果没有完成它的冲动与行动，这个人是不会成功的。行动才是最能证明一切的保证书。

半边翅膀的天使也有美丽人生

——杨仪雯

陈村职业技术学校　　物流技术应用专业　　指导老师：赵健秀

15.

半边翅膀的天使
也有美丽人生

——我选择做入殓师

　　天使是美丽的，是每个小女孩的梦想，但是我要做的却是只有半边翅膀的天使，不能进入天堂，只能站在天堂的门口，为每一个进入天堂的人服务。我要做这样一个只有半边翅膀的天使——入殓师，为已经离世、将要进入天堂的人们整理容颜。我愿守候在天堂门口，为每一个进入天堂的人拾取信心，让他们有尊严地进入天堂。

物流 111 班　杨仪雯
陈村职业技术学校

一、感动：源自内心的理解

（一）电影《入殓师》带来的感动

看了电影《入殓师》之后，我觉得入殓师这个职业很有意义。一个人死了，留给生者的是无比的痛惜和不舍。而入殓师这个职业可以让死者安息，使生者释然，能帮助生者对死者做一个很好的交代，让死者能很好地离开，这是一个很崇高的职业。对我个人来说，我觉得这个职业是可以考虑的。

（二）家庭温情带来的理解

我出生于一个普通却温馨的家庭。我以前的家庭成员有我的爸爸、妈妈、爷爷、奶奶，还有我，是一个很开心的家庭。三岁那一年，我的父亲因为一场意外而离开了人世，那时我还不懂，只知道疼我的父亲不会再回来了，因为这件事，母亲伤心了很久。上二年级的时候，疼我的奶奶因为得了癌症，离开了人世，我还记得她离开的时候我刚好在学校上学，母亲匆匆忙忙地从学校接我回家，我回到家才知道，奶奶已经不行了，那时，我感觉到其实人本来的力量很微小，但还是会努力地去挣扎，努力地存在于这个世界上。我好像一夜长大了。老天似乎也想使我变得更加坚强，四年级的那一年冬天，非常寒冷，不知道是身上冷还是心里冷，那是我永生不忘的场景。那一天早上，我起床后看见爷爷正在起床，很辛苦、很难受的样子，我以为他喉咙不舒服要吐痰，就拿了一张纸巾给他，他不要。接着他又走出去，我以为他去厕所，就没有管他，到天台去帮母亲洗衣服，但是心里很不安，好像有事要发生，于是又回到房间，突然看见爷爷倒在地上，我就大叫，母亲就急急忙忙地进来，爷爷倒在地上，闭上眼睛，不再睁开。我很伤心，我想让离世的人开心地离开，而生存的人能够勇敢地去面对生活，所以我选择做入殓师这一份工作。

(三) 自己内心深处的思考

我的性格测试结果

你对于事实抱有一种现实和实际的尊重态度。你把认知主要运用于内心，在心里储藏了丰富的资料。对你个人有意义的事物的种种细节，例如某人的声调或者面部表情，会记得一清二楚。因此，你往往是讲求实际和注重现实，具体而明确的人。你以个人的价值观和对别人的关怀作为基础，运用情感做决定，珍惜和谐与合作的氛围，并且致力于创造这种环境。你很坚持自己的决定，因为这些是你小心地运用清晰的个人价值观和心里储藏的丰富资料所做出的。你尊重既定的程序和权力，相信它们之所以存在，是因为它们运作良好，只有在新的资料显示改变的确会带来实际的得益时，你才会支持改变。

有人问我为什么喜欢这份工作，怕不怕晚上会有鬼怪出现，我就说你信就有，不信就没有。我相信自己如果没有做坏事，那些东西不会来找我，这是对我个人品格的考验。

我是那种傻傻的、大大咧咧的女孩。我乐观坚强，做任何事情都很有耐性。我害怕孤单，却习惯在喧嚣中享受孤独的快乐，追求和谐并且努力使周遭环境充满美感。这种性格非常适合面对这份工作中的孤独和压力，我可以让自己选择性失忆，记住美好的，忘记不愉快的，同时又能帮助死者的亲人缓解内心的伤痛，让他们能重新振作起来。

二、送行者：礼仪师的乐章

入殓师这一职业对从业人员的要求很高。首先是良好的心理素质，要求自信、热情、乐观、勇于工作。要让已经冰冷的人重新焕发生机，给他永恒的美丽，这需要冷静面对，而且要怀着细腻的情感。其次是良好的专业品质，懂得党和国家关于殡葬和殡葬管理的方针、政策和法规，通晓殡葬文化，熟练掌握殡葬基本理论、基础知识、专业知识和专业操作技能。还有更重要的是创新精神。其实面对死亡，最痛苦的人是死者最亲的人，亲人存放着死者最多的美好回忆，忘记死者，就等于忘记与他美好的回忆，那是多痛苦、多残忍的一件事情，所以我会先去了解一下死者的死亡原因、死者的家属、家庭环境、家庭关系等，去帮助死者家属尽快地适应死者已经去世的事实，让他能勇敢地去面对未来的生活，重新站起来。虽然这是一个很残忍的事实，但是人要努力地去适应才能更好地成长。帮助死者的亲人使我选择的这份工作具有更崇高的意义，也使这份工作显出人性的美丽。

三、坚持：执着的追求

我希望通过十年的努力达成我的职业目标，成为一名优秀的入殓师。我希望我具有丰富的专业知识和专业技能，在化妆、医学、遗体防腐、殡葬等方面有丰富的经验，成为一名有职业道德、有爱心、受人尊敬的入殓师。为此我要做以下准备：

(一) 内在的心理准备

做这份工作要有心理准备。女的很难嫁，男的很难娶，因为中国人的思想在这方面还没有很开放，有很多人接受不了，所以压力也挺大的。但是如果我能以一颗"尊重"的心，而不是以"觉得好玩就来玩一下"的心态来对待这份工作，我相信自己可以做得更好。

（二）外在的素质准备

时间	阶段	目标	措施
2012—2014 年	第一阶段：在校期间	成为一个美丽女生，考上理想的大学。	1. 学习好专业知识。 2. 参加美丽女生社团，学习化妆知识和技巧，平时多与同学沟通交流。 3. 通过网络、书籍等学习化妆，参加学校举办的各类活动，成为自信、美丽的女生。 4. 暑期到美容店打工，获得实践经验。 5. 三年努力学习，成功考上自己理想的大学。
2014—2017 年	第二阶段：大专期间	考取参加工作所需的各类证书，顺利毕业。	1. 学习好专业知识，通过学业考试，拿到毕业证书。 2. 参加各类培训和考证，拿到工作所需的各类证书，如化妆师证、遗体美容师证。 3. 参加各类活动，锻炼自己的胆量和信心。 4. 争取获得实习机会，到殡仪馆实习。
2017—2020 年	第三阶段：工作前三年	成为能熟练应对工作的职业人。	1. 成功应聘第一份工作。 2. 坚持自己的梦想，在工作中学习各类知识、技能，度过前三年。 3. 在工作中以尊重和谦虚的心态向前辈学习，使自己成为一名合格的职业人。
2020—2025 年	第四阶段：工作八年内	成为一名优秀的入殓师。	工作八年后，达成自己的职业目标，成为一名优秀的、受人尊敬的入殓师。

结语：守护在天堂的门口

人生有两个点，起点和终点。起点代表出生，终点代表死亡。死亡听起来是很可怕的，却是每个人都要经历的事情。我愿守护在天堂的门口，成就一名入殓师的美丽人生。